KB210610

교사십계명 2

아이들을 살리는 선생님의 말

교사십계명 2
아이들을 살리는 선생님의 말

지은이 · 하정완
펴낸이 · 이충석
꾸민이 · 성상건
편집디자인 · 자연DPS

펴낸날 · 2016년 12월 5일
펴낸곳 · 도서출판 나눔사
주소 · (우) 03446서울특별시 은평구 은평터널로7가길
      20. 303(신사동 삼익빌라)
전화 · 02)359-3429   팩스 02)355-3429
등록번호 · 2-489호(1988년 2월 16일)
이메일 · nanumsa@hanmail.net

ⓒ 하정완, 2016

ISBN 978-89-7027-194-1-03230

값 8,000원
잘못된 책은 바꾸어 드립니다.
이 도서의 국립중앙도서관 출판예정도서목록(CIP)은 서지정보유통지원시스템 홈페이지(http://seoji.nl.go.kr)와
국가자료공동목록시스템(http://www.nl.go.kr/kolisnet)에서 이용하실 수 있습니다.
(CIP제어번호 : CIP2016029488)

교사십계명 2

아이들을 살리는 선생님의 말

하정완 | 지음

나눔사

목차

Teacher's Ten Commandments 2

아이들을 살리는 말을 하는 교사

사람을 살리는 말이 있습니다. 어둠에 있을 때, 아무 것
도 보이지 않을 때 누군가의 말은 방향이 됩니다. 그러므
로 누군가는 그 말을 계속 던지며 걸어가야 합니다. 이것
이 바로 교사가 해야 할 일입니다.

'교사는 사람을 살리는 말을 한다.'

영화 '블랙'(Black), 헬렌 켈러와 앤 설리번 선생님 이야
기처럼 보지도 듣지도 못하는 여자 아이 미셸(라니 무케르
지)이 한 특수학교 교사 출신인 데브라이 사하이(아미타브
밧찬) 선생을 만나면서 사람답게 사는 이야기입니다.

사하이 선생님을 만나기 전 미셸의 삶은 짐승 같았습니다. 미셸의 운명은 어둠에 갇힌 삶으로 짐승처럼 취급받으며 살다가 그렇게 끝날 것 같이 보였습니다. 미셸의 독백으로 시작되는 영화는 가슴이 아팠습니다.

'저의 세상은 남들과 다릅니다. 소리는 침묵이 되고 빛은 어둠이 되는 곳, 그게 제가 사는 곳입니다. 아무 것도 보이지도 들리지도 않죠. 그 세상에 딱 맞는 이름은 바로 '블랙' 입니다.'

어둠, 참 무섭습니다. 어둠을 경험한다는 것은 절망입니다. 일반적으로 사람들은 어둠 속에서 절망하며 인생을 끝냅니다. 그것이 일반적입니다. 편견과 무시 속에서 그 같은 절망은 더 강력하게 작용합니다. 미셸은 그런 운명이었습니다.

그런데 그 어둠이 지배하는 세상에 교사 사하이가 있었습니다. 그는 미셸이 어둠에서 걸어 나오도록 도와주었습니다. 그의 말은 어둠에 있던 미셸이 걸어가도록 도와주는 빛 같은 것이었습니다.

'누구나 이런 암흑 속을 지나가. 네가 살아온 그런 어둠…
이젠 어둠에서 나와. 빛 속으로 와! 빛. 빛… 그래. 그래.
빛! 알파벳은 원래 A B C D E로 시작되지만 너에겐 B L
A C K로 시작되지. 블랙, 블랙, 블랙. 네 알파벳. 네 세상
은 다르단다. 미셸. 넌 달라… 넌 다르다고. 네가 다른 걸
자랑스럽게 생각해야 해.'

사하이 선생의 말은 다른 관점을 보여주었습니다. 보통
세상의 프레임에서 알파벳은 A B C D E로 진행되지만
B L A C K으로 시작되는 알파벳도 가능하다는 시선이었
습니다. 마치 절망적인 한 방향만을 고집하던 미셸이 다
른 빛을 보는 순간이었습니다.

'알파벳은 원래 A B C D E로 시작되지만 너에겐 B L A
C K로 시작되지.'

크리스천 교사가 아름답고 희망이 되는 이유입니다. 바

로 빛이신 예수 그리스도 안에서 그 빛을 품고 있는 사람, 빛을 비추는 사람이기 때문입니다. 그때 어둠은 문제가 되지 않습니다. 빛 되신 주 예수 그리스도가 계시기 때문입니다. 아무리 어둠처럼 보일지라도 말입니다.

"이 생명은 사람들의 빛이라 빛이 어둠에 비치되 어둠이 깨닫지 못하더라"(요1:4-5)

우리는 분명 어둠에 있습니다. 그것이 사실입니다. 포기하고 싶은 것들로 가득 차 있습니다. 영화 속 미셀의 어머니처럼 지쳐서 모든 것을 포기하고 싶습니다.

그러나 이미 빛은 비춰고 있습니다. 이제 필요한 것은 어둠에서 빛으로 나오는 것입니다. 세상이 말하는 A B C D E로 시작되는 방법이 아니라 나만의 방법, 그것은 B L A C K으로 시작되는 것일 수도 있습니다. 진리 되신 예수 그리스도가 제시하는 방법은 각 사람에게 맞도록 제시하시기 때문입니다. 새로운 삶이 가능한 이유입니다.

미셀이 엄청난 장애를 극복한 후 킹 에드워드 대학 입학이 허락되던 날입니다. 사하이 선생이 준비한 것은 시각 장애인용 지팡이였습니다. 그것을 받았을 때 미셀은 이런 것에 의존하기 싫다고 거절하였습니다. 그때 선생 사하이가 말하였습니다.

'의존하는 게 아냐. 이걸로 넌 혼자 서는 거야. 알겠니?'

사하이 선생의 말은 미셀을 자신만의 길로 들어서도록 하였습니다. 의존하는 것이 아니라 홀로 서는 방법을 가르쳐줬기 때문입니다. 그의 말이 미셀을 살린 것입니다.

크리스천 교사는 이처럼 길을 찾도록 빛이 되는 말을 하는 사람입니다. 우리는 그리 말할 수 있습니다. 온전한 길 되신 예수 그리스도의 말씀에 기초하기 때문입니다.

아이들을 살리는 말, 이 책은 이 시대의 우리 아이들을 살리는 말이 무엇일까 고민하던 중 제가 깨달은 열 개의 말을 영화에서 찾아 정리하였습니다. 꼭 교사들이 아이들에게 해줘야 할 열 개의 말들입니다.

'내가 늘 곁에 있어줄게.'
'너는 너의 길을 가렴.'
'하나님은 너를 죽도록 사랑하신단다.'
'너는 아름답고 소중하단다.'
'먼저 자기를 보호할 줄 알아야 해.'
'지금 이 순간을 사랑하고 즐기렴.'
'너는 무엇을 좋아하니?'
'하나님을 잊지 마.'
'바보 같더라도 주님을 따라 가자.'
'네가 하나님의 희망이다.'

'한 마디의 말이 사람을 살린다.' 특히 그리스도 안에서 터져 나오는 크리스천 교사의 말은 아이들을 살릴 것입니다. 인생의 경주를 잘 하도록 도울 것입니다. 그 같은 간절함으로 이 책을 썼습니다.

이 책은 교사들이 읽어야 할 책으로 자리 잡은 첫 번째 책 '교사십계명'을 이은 책입니다. '교사십계명'이 교사가 아이들을 가르칠 때 지켜야 할 태도에 대한 것이라면, 이 책은 아이들을 가르칠 때 반드시 해야 할 말을 정리한 것입니다. 교사들의 입에서 나온 이 말들이 아이들을 살릴 것이라 믿으면서 말입니다. 그러므로 이 책을 뜨겁게 아이들을 사랑하는 이 땅의 선생님들에게 바칩니다.

오랜 세월을 함께 해온 나눔사의 성상건 사장님과 손종오 장로님께 감사드리며 늘 꿈의 원천이 되는 꿈이있는교회 지체들 그리고 사랑하는 아내 은희에게 감사를 드립니다.

이 땅의 아름다운 선생님들을 위하여
하정완 목사

제목으로 읽는 리뷰

이 힘든 세상, 어떻게 걸어가야 할지 모르는 우리 아이들에게 꼭 들려주어야 하는 첫 번째 말은 다른 어떤 말보다 이 말이었으면 좋겠습니다.

'내가 늘 곁에 있어줄게.'

교사는 '내가 늘 곁에 있어줄게'라고 말한 대로 같이 있어야 합니다. 이유는 옳은 길을 보여줘야 하기 때문입니다. 그래서 무슨 집단 광기에 들린 사람들처럼 몰려가는 세상 앞에 우리 아이를 끌어 안고 내가 걸어온 길, 내가 걸어가는 길로 데리고 가야 합니다. 이렇게 말하면서 말입니다.

'너는 너의 길을 가렴.'

이렇게 우리 아이들이 자신 있게 살아도 되는 이유는 하나님이 사랑하시기 때문입니다. 어떤 자격이나 조건 때문이 아니라 그냥 거기 있는 존재 자체로 하나님이 사랑하시기 때문입니다. 그것을 꼭 말해주어야 합니다.

'하나님은 너를 죽도록 사랑하신단다.'

그래서 하나님은 우리 모두를 아름답게, 다양하게, 개성 있게 창조하셨습니다. 문제는 이 세상의 교육 시스템 같은 것입니다. 어떤 틀을 만들어 놓고 거기에 그냥 가둬놓습니다. 그 기준에 맞지 않으면 무시당하고 필요 없는 존재라고 취급 받게 합니다. 그러므로 하나님의 생각을 말해줘야 합니다.

'너는 아름답고 소중하단다.'

그런데 이 세상을 살다보면 우리도 모르는 사이에 우리

는 조급해집니다. 학교 성적과 외모 등으로 평가받고 그래서 스펙을 쌓으려고 몸부림칩니다. 그러다 지나친 욕심에 사로잡혀 거짓과 속임수의 유혹에 빠지기도 합니다. 그러므로 우리 아이들이 그렇게 살지 않도록 도와줘야 합니다. 천천히 가도 된다고, 먼저 자기를 보호하고 사랑하라고 가르쳐야 합니다.

'먼저 자기를 보호할 줄 알아야 해.'

무엇보다 제일 먼저 지금, 현재를 사랑하는 법을 가르쳐 주십시오. 미래를 위해 현재를 희생하는 세상의 흐름을 좇아가지 않도록 도와주십시오. 천천히 가는 법을 가르쳐 주시고 현재를 누리는 법을 가르쳐 주십시오. 같이 세상을 걷기도 하며 지금을 누리고 느끼게 해주십시오.

'지금 이 순간을 사랑하고 즐기렴.'

그러므로 이렇게 아이에게 물어봐 주십시오. '네가 좋아하는 것은 무엇이니? 무엇을 하면 행복하니?' 세상이 가

르쳐주지 않는 그 아이의 은사, 하나님이 주신 것을 찾게
도와주셔야 합니다. 그때 아이는 지금 이 순간을 더 깊이
사랑할 수 있을 것입니다. 행복해질 것입니다.

'너는 무엇을 좋아하니?'

흔히 놓치는 것, 언제나 무엇보다 우선순위로 위치해야
하는 것을 반드시 가르쳐야 합니다. 바로 하나님을 잊지
않고 사랑하는 것입니다. 하나님을 예배하는 것입니다.
하나님의 예배자로 사는 것은 모든 것들의 우선순위임을
가르치셔야 합니다. 나도 그렇게 살고 말입니다.

'하나님을 잊지 마.'

이처럼 우선순위를 예배에 두는 삶을 세상은 어리석다
고 말할지도 모릅니다. 그러나 왜곡된 세상의 생각입니
다. 그러므로 세상이 혹시 비웃을지라도 두려워하지 말
것을 가르쳐야 합니다. 분명 자기 희생과 사랑의 삶을 살
면 바보라는 소리를 들을지도 모릅니다. 그때 조롱과 멸

시를 받으며 십자가를 따르는 자의 아름다움을 말해줘야 합니다. 바보 예수라고 세상이 조롱하던 그 길을 따라 가는 것의 아름다움 말입니다.

'바보 같더라도 주님을 따라 가자.'

부조리하고 고통이 깊은 세상인 까닭에 진정한 하나님의 교사가 필요합니다. 이 세상의 가치를 뛰어넘어 아이들을 자유롭게 하고 행복하게 하는 선생님 말입니다. 세상이 감당할 수 없는 아름다운 교사, 어두운 세상에 빛을 보여주는 교사 말입니다. 분명 우리 선생님들이 가르친 이 아이들이 세상의 빛이 될 것입니다. 그러므로 우리 아이들에게 꼭 이 말을 하셔야 합니다.

'네가 하나님의 희망이다.'

잊지 마십시오. 우리의 말이 아이들을 살리고 그 말을 듣고 자란 아이들이 이 세상을 살리는 일을 할 것입니다.

'한 마디의 말이 사람을 살린다.'

교사십계명 2
01 있어줄게
Teacher´s Ten Commandments 2

내가 늘 곁에 **있어줄게**

　이 힘든 세상, 어떻게 걸어가야 할지 모르는 우리 아이
들에게 꼭 들려주어야 하는 첫 번째 말은 다른 어떤 말보
다 이 말이었으면 좋겠습니다. '내가 늘 곁에 있어줄게.'

물음

　약육강식, 적자생존의 세상에서 다른 이들을 돌아볼 여
유가 사람들에게는 없습니다. 자신만 바라보는 세상이 되
었습니다. 우리 아이들 역시 혼자 이 세상을 살아야 합니
다. 그 치열한 세상으로 들어가 살아야 하는 우리 아이들

에게 우리는 무엇이라 말해야 합니까?

영화에서 찾은 이야기 '베어'

엄마 곰과 행복하게 살던 아기 곰 두스에게 갑자기 불행이 다가왔습니다. 엄마 곰이 불의의 사고로 죽은 것입니다. 엄마 곰이 없는 세상, 그 곳은 위험한 곳이었습니다.

그 외로운 세상에 늘 사냥꾼에게 쫓겨 다니며 살던 숫곰 바트가 있었습니다. 어느 날 숫곰 바트가 사냥꾼의 총에 맞아 큰 부상을 입습니다. 부상을 입은 바트가 치료할 생각으로 진흙탕 물에 들어갔을 때였습니다. 그 상황을 전혀 모르는 아기 곰 두스가 상처 입은 바트를 발견합니다.

이전에도 잠시 만난 적이 있었지만 바트는 두스가 귀찮았습니다. 그런데 두스가 조심스럽게 다가가 바트의 상처를 핥아줍니다. 늘 혼자 사는 것에 익숙했던 바트가 그때 경계를 풀고 두스를 받아들입니다.

바트는 왜 두스를 받아들인 것입니까? 외로웠던 것입니다. 강하고 우직한 바트였지만 그도 위로가 필요했던 것입니다.

바트와 두스의 모습을 보면서 정호승 시인의 시 '외로우니까 사람이다'라는 시가 떠올랐습니다. 이 시는 그의 시집들 중 '수선화에게'(38쪽)라는 시에 나오는 구절입니다.

'수선화에게'

울지 마라
외로우니까 사람이다
살아간다는 것은 외로움을 견디는 일이다
공연히 오지 않는 전화를 기다리지 마라
눈이 오면 눈길을 걸어가고
비가 오면 빗길을 걸어가라
갈대숲에서 가슴 검은 도요새도 너를 보고 있다
가끔은 하느님도 외로워서 눈물을 흘리신다
새들이 나뭇가지에 앉아 있는 것도 외로움 때문이고

네가 물가에 앉아 있는 것도 외로움 때문이다
산 그림자도 외로워서 하루에 한 번씩 마을로 내려온다
종소리도 외로워서 울려퍼진다

이 시에서 정호승 시인은 외로움은 당연한 것이니까 외로움을 받아들일 것을 요청합니다. 그러면서 꺼낸 표현이 참 근사합니다.

'가끔은 하나님도 외로워서 눈물을 흘리신다.'

주님이 십자가에 못 박히시기 전 날 밤 주님은 제자들을 데리시고 겟세마네 동산으로 나아가셨습니다. 그곳으로 가시면서 주님은 제자들에게 이런 말씀을 하셨습니다.

"그들이 겟세마네라 하는 곳에 이르매 예수께서 제자들에게 이르시되 내가 기도할 동안에 너희는 여기 앉아 있으라 하시고 베드로와 야고보와 요한을 데리고 가실새 심히 놀라시며 슬퍼하사 말씀하시되 내 마음이 심히 고민하여 죽게 되었으니 너희는 여기 머물러 깨어 있으라"(막14:32-34)

정호승 시인의 언어로 바꾸면 이렇게 표현할 수 있을 것입니다.

'애들아 내가 힘들고 외롭구나.
떠나지 말고 여기 있어줄래.'

예수님의 인간적인 모습이었습니다. 예수님조차 외로우셨다는 뜻이 아니겠습니까? 외로움, 사실 외롭기 때문에 사람이 보입니다. 물론 사랑도 보입니다. 그런 까닭에 시간이 지날수록 알게 되는 것은 외로운 것이 행복이란 사실입니다. 제가 쓴 '외로움'이란 제목의 시입니다

'외로움'

외로운 것이
행복한 것이다

슬픈 것이
행복한 것이다

아픈 것이
행복한 것이다

살아있는 것이 느껴지니까
가슴 뛰는 것이 느껴지니까

성경이 말하는 대답

주님이 제자들을 부르셨습니다. 주님이 제자들을 부르신 목적은 우리가 익히 아는 이유입니다.

"이에 열둘을 세우셨으니... 보내사 전도도 하며"(막 3:14)

'복음을 전하기 위해 제자들을 부르셨다.' 정답입니다. 하지만 읽지 않은 사잇 구절이 있습니다.

"이에 열둘을 세우셨으니 이는 자기와 함께 있게 하시고

또 보내사 전도도 하며"(막3:14)

'함께 있게 하시다.' 오늘 우리가 살피는 언어로 바꾸면 '외롭다!'라고 할 수 있을 것입니다. 주님도 외로우셨던 것입니다. 사람이라는 증거였습니다. 동시에 우리의 외로움을 주님은 아신다는 뜻입니다. 우리와 함께 하신다는 약속이 공허하게 들리지 않는 이유입니다.

"누가 정죄하리요 죽으실 뿐 아니라 다시 살아나신 이는 그리스도 예수시니 그는 하나님 우편에 계신 자요 우리를 위하여 간구하시는 자시니라"(롬8:34)

동시에 성령께서 늘 우리와 함께 지금 우리를 위하여 탄식하며 간구하십니다.

"이와 같이 성령도 우리의 연약함을 도우시나니 우리는 마땅히 기도할 바를 알지 못하나 오직 성령이 말할 수 없는 탄식으로 우리를 위하여 친히 간구하시느니라"(롬8:26)

그리고 하나님이 우리와 함께 계시되 눈동자 같이 지키신다고 성경은 기록합니다.

"나를 눈동자 같이 지키시고 주의 날개 그늘 아래에 감추사"(시17:8)

'삼위일체 하나님이 우리와 함께 계시다!' 우리가 우리 아이들에게 가르쳐야 할 가장 중요한 내용입니다. '주님이 함께 계시다.'

교사의 대답

'외롭다.' 홀로 있다는 말입니다. 그런데 두스처럼 어린 곰에게는 혼자 있는 것은 위험한 것입니다.

영화를 보면 홀로 남겨진 두스를 사나운 맹수 퓨마가 노립니다. 두스는 퓨마의 공격을 피해 도망치지만 매우 위태했습니다. 결국 낭떠러지 폭포가 있는 곳의 나무토막에 몸을 실었지만 퓨마의 포위 속이었습니다. 꼼짝없이 퓨마에게 먹히는 순간이었습니다. 하지만 누가 있었습니다. 바트였습니다.

> 결국 낭떠러지 폭포가 있는 곳의 나무토막에 몸을 실었지만 퓨마의 포위 속이었습니다.

'누가 있다!' 이미 앞에서 설명한 것처럼 우리에게도 있습니다. 바로 예수 그리스도, 성령, 하나님이 계십니다. 그 경험에서 교회가 시작되었습니다. 교회에서 교사가 해야 할 사명입니다. 아이들을 홀로 내버려두지 않고 곁에 함께 있는 것 말입니다.

사실 조금만 살펴보면 성경 속의 멘토 혹은 교사들은 그 같은 역할을 하였습니다. 예를 들어 바울 뒤에는 바나바가 있었고, 여호수아 뒤에는 모세가 있었습니다. 헬렌 켈러 뒤에는 앤 설리반 선생님이 계셨고, 어거스틴의 좋은 선생님은 어머니 모니카였습니다. 이외에도 헤아릴 수 없을만큼 예는 많습니다. 위대한 인물 뒤에는 언제나 좋은 교사가 있었습니다.

우리가 하고 있는 교사가 자랑스러운 이유입니다. 오늘날 교사의 위치는 약화된 느낌이지만 사실 초대교회 당시 교사는 사도, 선지자, 복음전하는 자, 목사와 같은 위치로 중요하게 여겨졌습니다. 당연히 사람을 교육하고 양육하는 자이기 때문입니다.

"그가 어떤 사람은 사도로, 어떤 사람은 선지자로, 어떤 사람은 복음 전하는 자로, 어떤 사람은 목사와 교사로 삼으셨으니"(엡4:11)

우리 아이들을 살리고 회복하는 주님의 계획입니다. 잊지 마십시오. 그리고 세상 끝 날까지 우리와 함께 있으시겠다 말씀하신 주님과 같이 우리도 우리 아이들에게 이렇게 말해야 합니다.

'내가 늘 곁에 있어줄게.'

하정완목사 이야기

술중독자였던 아버지가 중학교 2학년 되던 해에 돌아가셨습니다. 불과 39세셨습니다. 홀로 되신 어머니에게 사람들은 재혼을 권하였는데, 그때마다 사람들이 슬그머니 흘리던 이야기가 이런 것들이었습니다.

'지 애비를 닮아서...'
'언니를 평생 고생시킬 거에요.'
'될성부른 나무는 떡잎부터 보면 아는데...'

그럴만도 했습니다. 공부도 못하고 유난히 장난이 심해서 사람들의 눈총을 받기 일수였던 나를 보면서 주변 사람들은 그리 말하는 것이 당연하였습니다.

초등학교를 졸업하고 중학교 입학 전까지 영어, 수학을 동네 친구들과 함께 과외를 받은 적이 있습니다. 과외 선생님은 제주교육대학교를 다니는 21살 전후의 대학생이었습니다. 한 두달 정도 과외를 받은 후 일년 정도의 시간이 지났습니다. 그 사이 술중독자였던 아버지가 39살의 나이에 심장마비로 갑자기 돌아가셨습니다.

그리고 어느 날 그 선생님을 우연히 길에서 어머니와 함께 만난 것입니다. 두 달 정도 아는 사이여서 잘 알지 못했지만 소식을 들은 선생님은 어머니와 나를 위로하셨습니다. 그런데 이어지는 말이 이상했습니다.

'어머니, 이 아이만 믿으멍 삽서.
야이, 막 경헌 아이마씸.'

제주도 사투리여서 옮겨 적으면 이런 뜻입니다.

'어머니, 이 아이만 믿으며 사십시오.
이 아이, 매우 대단한 아이입니다.'

뭐 이런 대화였습니다. 어머니도, 나도 고개를 좌우로 저었습니다. 한 번도 들어본 적이 없는 평가였기 때문이었습니다. 그리고 어색하게 헤어졌고 그 후로 만나본 적도 없습니다. 그런데 그때부터 이상한 일이 벌어졌습니다. 어쩌다 시험을 잘 봐서 성적이 잘 나오면 주변 사람들은 전부 컨닝이나 한 것처럼 의심했는데, 나는 그 선생님이 생각났습니다. 그리고 이런 생각이 슬그머니 올라왔습니다.

'정말 나는 대단한 아이일지 모른다.'

그 선생님 때문이었습니다. 그때부터 나는 무엇이 잘되면 우연이나 재수가 좋아서로 돌리지 않고 나는 대단한 사람일지도 모른다는 생각을 하게 되었습니다. 그때는 잘 몰랐는데 그 선생님이 하셨던 몇 마디의 말이 나를 아름다운 가능성으로 인도한 것입니다. 지금은 그 선생님의 얼굴이 기억나지도 않습니다. 그런데 21살 정도된 교육대학교 학생의 말이 나를 이렇게 이끈 것입니다.

언제나 뒤에 서서 이 선생님처럼 말해 주십시오. 축복해 주십시오. 사랑해 주십시오. '내가 늘 곁에 있어줄게'라고 말해 주시고, 실제로

사랑해 주십시오. '내가 늘 곁에 있어줄게' 라고 말해 주시고, 실제로 함께 해 주십시오.

함께 해 주십시오. 그리고 그 아이의 미래를 기대하며 기도하십시오. 잘 알지 못했던 선생님의 말 한마디도 이렇게 영향력이 있는데, 선생님이 함께 있어 주여 늘 곁에 있어준다 말한다면 그 영향력은 어떻겠습니까?

교사의 기도

주님,
마치 상자 안에 있는 것처럼
세상은 우리 아이들을 몰아넣습니다.
숨이 막혀서
자기를 찾지도 못한 채
세상으로 나가게 될까 두렵습니다.

주님,
자꾸 어둠 속으로
우리 아이들을 몰아넣습니다.
아이들의 얼굴에서 빛이 사라지고
어둠이 드리워졌습니다.

주님,
아이들의 얼굴이 언제나 빛나게
빛을 전하고 싶습니다.
뜨거운 사랑으로
우리 아이들과 함께 하고 싶습니다.

주님,
우리에게 빛을 주시고
빛을 전하게 도와주옵소서.
'내가 늘 곁에 있어줄게'라고 말하며
아이들과 함께 끝까지 걸어갈 수 있게
우리에게 힘을 주옵소서.

예수님의 이름으로 기도드립니다. 아멘.

* 교사의 다짐
어떤 다짐을 하게 되었는지 적어 보십시오.

너는 너의 **길을 가렴**

교사는 '내가 늘 곁에 있어줄게'라고 말한 대로 같이 있어야 합니다. 이유는 옳은 길을 보여줘야 하기 때문입니다. 그래서 무슨 집단 광기에 들린 사람들처럼 온통 몰려가는 세상 앞에 우리 아이를 끌어 안고 내가 걸어온 길, 내가 걸어가는 길로 데리고 가야 합니다. 이렇게 말하면서 말입니다. '너는 너의 길을 가렴.'

물음

가끔 이 세상의 흐름에 기준을 잃을 수 있습니다. 세상을 좇아가야 하는 것은 아닌지 흔들릴 수도 있습니다. 어쩌면 아이들의 인격과 개성을 배려하지 않고 세상의 방식대로 가르쳐야 한다고 느낄지도 모릅니다. 그때 어떻게 해야 합니까? 그때 무엇이라 말해야 합니까?

영화에서 찾은 이야기 '말아톤'

영화에서 주인공 초원(조승우)이는 '동물의 왕국'을 좋아합니다. TV 프로그램 '동물의 왕국'은 아프리카 세렝게티 초원을 무대로 하는데 마치 우리가 살고 있는 세상 같아 보입니다. 그저 평화롭게 보이지만 그 세상은 약육강식, 적자생존의 법칙이 정확하게 지켜지는 세상입니다. 이런 세상에서 윤리 기준은 이기는 것과 관계있습니다. 혹은 살아남는 것입니다. 살아남고 이기는 것, 너를 죽여서라도 나는 살아야 하는 것이 세렝게티 초원과 같은 세상의 모습입니다.

학교에서도, 가정에서도 가르치는 것은 세렝게티 초원

에서 사는 법입니다. 모두가 과외하고, 모두가 야간 자율
학습하고, 모두가 대학 가고, 모두가 1등 하려 합니다. 그
런데 그런 세계관은 사람들을 비참
하게 만듭니다. 모두가 1등 하는 것
은 불가능하기 때문이고, 뒤처지면
밀려나고 잡혀 먹히기 때문입니다.

> 모두가 1등 하는 것은 불
> 가능하기 때문이고, 뒤
> 처지면 밀려나고 잡혀
> 먹히기 때문입니다.

초원이 엄마도 그런 마음으로 초원이를 키웠습니다. 정
말로 세렝게티 초원 같은 세상이니까, 초원이 혼자서는
도무지 살아갈 수 없을 것 같으니까 그렇게 가르쳤습니
다. 마라톤을 시키는 것도 그런 이유 때문이었습니다. 하
지만 마라톤은 코치가 말하는 것처럼 결코 쉬운 일이 아
니었습니다.

'뛰는 게 좋다. 그건 엄마 생각이죠. 그게 문제라고요...
(매우 더운 날이다) 이런 날 연습한답시고 40, 50km 뛰
다보면 무슨 생각이 들 것 같아요? 아스팔트는 뜨겁고 심장
은 터질 것 같고, 계속 이렇게 뛰다보면 딱 죽겠다 싶고요.
나야 금메달 목표나 있지? 쟨 뭐요?'

> **이기기 위하여 달리는 것, 사실 세렝게티 초원 같은 곳에서 달리는 것은 살아남기 위한 것입니다.**

이기기 위하여 달리는 것, 사실 세렝게티 초원 같은 곳에서 달리는 것은 살아남기 위한 것입니다. 그래서 더 지치고 힘든 것입니다. 어떤 때는 죽고 싶은 것입니다.

왜 공부합니까? 좋은 대학에 들어가기 위함입니다. 그런데 문제는 소위 좋은 대학은 소수이고 1등은 하나밖에 없습니다. 아무리 열심히 해도 1등 하기가 어려운 이유입니다. 그래서 공부는 재미가 없고 지겹습니다. 그래도 하지 않을 수 없습니다. 그저 살아남기 위하여 합니다.

그런데 공부가 안 되기까지 합니다. 그때 비참합니다. 어떤 경우 공부하다가 우리 아이들이 자살을 합니다. 이같은 세상에 대한 반란과 같은 것입니다. 참 답답한 세상입니다.

그렇다면 이런 시대 정신이 지배하고 있는 세상이 하나님께서 원하시는 세상입니까? 공부 못하면 죽고 싶고, 얼굴이 못 생겨도 죽고 싶으며, 건강치 못하거나 장애가 있어도 죽고 싶은 마음이 들게 하는 것이 하나님이 원하시는 세상입니까?

그런데 더욱 기막힌 것은 1등 해도 행복하거나 신나지 않는다는 것입니다. 영화에는 초원이의 마라톤 코치가 10년 전 보스톤 마라톤 대회에서 1등 한 마라톤 영웅이었습니다. 하지만 지금은 실패한 인생입니다. 음주운전으로 사회봉사명령을 받아야할 만큼 삶의 깊이를 상실하였습니다. 1등을 추구한 삶, 결국 1등 했지만 결코 행복하지 않습니다.

한 중학교 여학생이 소원이던 1등을 했습니다. 그런데 그 아이가 자살합니다. 그 아이의 유서에는 이렇게 적혀 있었습니다.

'오늘 1등 하였다. 이 행복을 빼앗기고 싶지 않다.'

우리는 지금 뭔가 잘못 되어있음이 틀림 없습니다. 우리는 무엇인가를 오해하고 있습니다. 분명히 인생은 경주입니다. 그리고 1등 해야 할 것 같습니다. 그런 노력이 틀린 것 같지도 않습니다. 그런데 이상합니다. 1등을 해도 행복하지 않고, 1등 하지 않은 사람들도 행복하지 않습니다. 참 희한합니다. 왜 그런 것입니까?

왜 행복하지 않은 것입니까? 계속 1등이어야 행복할 것 같기 때문입니다. 하지만 계속 1등은 존재할 수 없습니다. 언젠가는 2등도 할 수 있고 어떤 때는 등외로 밀려날 수도 있기 때문입니다.

성경이 말하는 대답

바울은 로마의 감옥에 갇혀있는 채로 빌립보 교회에 편지를 보내는데, 그 편지를 보면 경주에 대한 이야기가 나옵니다.

"나는 이것을 이미 얻은 것도 아니며, 이미 목표점에 다

다른 것도 아닙니다. 그리스도〔예수〕께서 나를 사로잡으셨으므로, 나는 그것을 붙들려고 좇아가고 있습니다. 형제자매 여러분, 나는 아직 그것을 붙들었다고 생각하지 않습니다. 내가 하는 일은 오직 한 가지입니다. 뒤에 있는 것은 잊어버리고, 앞에 있는 것을 향하여 몸을 내밀면서, 그리스도 예수 안에서, 하나님께서 위로부터 부르신 그 부르심의 상을 받으려고, 목표점을 바라보고 달려가고 있습니다."(새번역/빌3:12-14)

똑같은 경주처럼 보이지만 바울이 하고 있는 경주와 우리가 하고 있는 경주는 다릅니다. 우리는 이 세상에서 1등하고, 좋은 대학에 들어가고, 좋은 직장에 취직하는 등 이 세상에서 성공하기를 추구합니다. 마치 그것이 최종 목표인 것처럼 경주합니다.

그러나 바울은 인생 전체를 경주로 보고 있습니다. 지금 내가 성적이 1등이 되더라도 그것이 최종 목적지가 아닌 것입니다. 그것은 과정일 뿐입니다. 우리의 최종 목적지는 하나님 앞에 서는 것이기 때문입니다.

그렇습니다. 살아가면서 만나는 경험들, 가끔은 잘 안 풀릴 수도 있고, 가끔은 등수에서 밀려날 수도 있지만 낙오하지 않고 결승점까지 달리는 것이 목표이어야 합니다.

바울은 그것을 말하고 있는 것입니다. 인생이라는 긴 경주를 완주하는 것이 중요하다는 뜻입니다. 그런데 우리는 너무 자잘한 승리에 목숨을 걸고 삽니다. 그것이 우리로 하여금 긴 경주를 보지 못하게 합니다. 그래서 자기 페이스를 놓칩니다.

자기 페이스를 놓치지 않고 달려야 합니다. 일등이 목표가 아니라 끝까지 달리는 것이 목표여야 합니다.

인생이란 긴 경주, 마라톤 경기와 같기에 천천히 달리는 것이 매우 중요합니다. 자기 페이스를 놓치지 않고 달려야 합니다. 일등이 목표가 아니라 끝까지 달리는 것이 목표여야 합니다.

천천히 달릴 때 우리는 놀라운 경험을 합니다. 그동안 보이지 않던 것들이 보이는 것입니다. 예를 들어 약 20분이면 충분히 갈 거리를 한 시간을 두고 나왔다면 여유있게 운전할 것입니다. 누군가 끼어드는 차량에도 관대해지고 계절의 여유를 즐기며 근사한 음악과 함께 운전할 수도 있습니다. 빨리 갈 이유가 없을 때 생기는 자유입니다.

만일 규정 속도로 20분 거리인데 고작 남은 시간은 15분이라면 사정은 달라집니다. 불안해지고 누가 끼어들기라도 하면 짜증을 냅니다. 신호등의 빨간불이 끝나기도 전에 출발하고 쉽게 경적을 울립니다. 음악조차 불안합니다. 나는 사라집니다. 인격도 없어집니다. 생존만 남습니다.

지금 눈에 보이는 것을 잡으려고 무작정 달리는 것은 주님이 원하시는 것이 아닙니다. 그러므로 아이들에게 그 방식대로 가르쳐서는 안 됩니다. 그래서 바울이 한 권면을 주의깊게 들어야 합니다.

"형제자매 여러분, 나는 아직 그것을 붙들었다고 생각하지 않습니다. 내가 하는 일은 오직 한 가지입니다. 뒤에 있는 것은 잊어버리고, 앞에 있는 것을 향하여 몸을 내밀면서, 그리스도 예수 안에서, 하나님께서 위로부터 부르신 그 부르심의 상을 받으려고, 목표점을 바라보고 달려가고 있습니다... 어쨌든, 우리가 어느 단계에 도달했든지 그 단계에 맞추어서 행합시다."(새번역/빌3:13-14,16)

교사의 대답

우리는 다르게 가르쳐야 합니다. 우선 우리 아이들을 천천히 달리게 하십시오. 비록 세상에서는 우리 아이들을 정신없이 몰아붙이고 살아가게 하지만 교회에서는, 우리들은 그들을 위로하고 축복하며 천천히 달리는 법을 가르쳐주어야 합니다.

처음에 초원이는 마라톤 경기 때마다 옆 사람을 의식하며 달리기 때문에 페이스를 놓쳤습니다. 그런데 코치 선생님의 손을 잡고 멀리 목표점을 내다보고 천천히 달리기 시작하면서 자기 페이스를 찾습니다. 하지만 그보다 더 놀라운 것은 그동안 느끼지 못하던 바람을 느끼기 시작합니다. 길가에 피어있는 들꽃들이 보이고 그들과 대화하기 시작합니다. 손을 벌려 세상을 느끼고 손 끝에 스치는 풀들과 싱그러운 냄새들, 그 모든 것들을 느끼기 시작합니다. 그렇게 달리기 시작하면서 모든 것들을 사랑하게 됩니다.

더욱이 우리 아이들은 그리스도 안에서 이미 생명을 얻은 살아있는 사람들, 하나님의 아들, 딸들이기에 바울의 말처럼 인생의 경주에서도 부활한 자의 삶을 살도록 도와 줘야 합니다.

"내가 바라는 것은, 그리스도를 알고, 그분의 부활의 능력을 깨닫고, 그분의 고난에 동참하여, 그분의 죽으심을 본받는 것입니다. 그리하여 나는 어떻게 해서든지, 죽은 사람들 가운데서 살아나는 부활에 이르고 싶습니다."(새번역/빌3:10-11)

모든 사람들이 죽은 자의 경주를 하고 있기 때문에 우리 아이들은 생명을 가진 자, 진정한 크리스천으로 달리도록 도와줘야 합니다. 이를 위해 먼저 교사들이 자기 수준에 맞게 달리면서 생명의 냄새를 풍겨야 합니다. 정말 다른 삶을 살아야 합니다. 사람들은 1등 하기 위하여 달리고 있지만 우리는 즐기면서 달려야 합니다. 우리에게 주어진 세상을, 사람들을, 일들을 심지어 공부를 즐기면서 달려야 합니다. 그리고 우리 아이들도 그렇게 살 수 있도록 도와줘야 합니다.

달리다보면 지칠지도 모릅니다. 그렇게 지칠 때 손을 옆으로 벌리는 연습을 시키십시오. 그리고 바람을 만져보게 하시고, 하나님을 맡아보게 하십시오. 가끔은 드러누워 세상을 보게 하십시오. 꼭 그러셔야 합니다.

'세상을 느끼며 달린다.'

우리 인생은 경주입니다. 마치 세렝게티 초원과 같습니다. 살아남기 위해서 우리는 반드시 이겨야 한다고 생각합니다. 하지만 틀린 생각입니다. 이 세상은 하나님이 통치하시는 곳입니다. 세렝게티의 법칙을 좇지 않고 하나님

나라의 법칙을 좇아도 살 수 있습니다. 하나님이 인도하실 것입니다.

우리 아이들에게도 그렇게 가르쳐야 합니다. 하나님의 계획을 믿고 자신에게 주어진 삶을 최선을 다해서 사는 것, 성적이 좀 떨어지더라도 주님이 말씀하시는 대로 사랑하고, 느끼고, 즐기도록 가르쳐야 합니다. 이 같이 하나님 나라의 법칙을 따라 살아도 우리는 절대로 실패하지 않습니다. 왜냐하면 하나님이 이 세상의 주인이시기 때문입니다.

> 성적이 좀 떨어지더라도 주님이 말씀하시는 대로 사랑하고, 느끼고, 즐기도록 가르쳐야 합니다.

더욱이 하나님은 각 사람을 향해 특별한 계획을 갖고 계십니다. 그러므로 초원이처럼 세상의 시스템과 틀에 맞춰서 우리 아이들이 자라도록 방치해서는 안 됩니다. 매일 하나님께 기도하며 우리 아이들의 가능성을 살피고 격려해주십시오. 그리고 아이들을 만나면 그들을 꼭 안아주면서 그 가능성을 말해 주십시오.

'애야, 너는 특별하단다. 하나님이 그렇게 만드셨거든. 그러므로 너는 너의 길을 걸어 가렴.'

하정완목사 이야기

원래 공부도 못했지만 고등학교 시절 정말 저를 괴롭혔던 과목은 수학, 물리, 화학, 생물, 지리 같은 것들이었습니다. 정말 점수가 안 나왔습니다. 나는 인문계였지만 요즈음 수능시험과 달리 그 당시 예비고사 시험 과목에는 그 같은 과목들 시험도 치러야 했습니다. 피할 수 없는 과목들이었습니다.

나에게 '머리엔 똥만 들었냐?'라고 혼냈던 분, '싹수가 노란 놈이다'라고 질책하던 분 모두가 이 과목의 선생님들이었습니다. 아쉽게도 그 분들은 공부 못하던 나와 내 친구들을 무슨 벌레처럼 취급하였습니다. 돌아보면 그랬을 리가 없었지만 그

아쉽게도 그 분들은 공부 못하던 나와 내 친구들을 무슨 벌레처럼 취급하였습니다.

때는 정말 내가 그런 존재인 것 같은 생각에 사로잡혀 있었습니다.

더 비참한 것은 우열반을 나눌 때 열반에 속한 것입니다. 하긴 358명 중에 325등 성적이었으니 열반에 속하는 것이 당연한 것이었지만 우반 아이들이 야간 학습할 때 우리는 기합 받기가 일수였습니다.

> 우반 아이들이 야간 학습할 때 우리는 기합 받기가 일수였습니다.

나는 정말 싹수가 노란 놈인줄 알았습니다. 그런데 지금 저를 보면 제가 좋아하는 것들이 다른 것 뿐이었습니다. 영화를 좋아하고, 시를 좋아하고 노래와 사진을 좋아합니다. 그런데 고등학교 때는 배운 적이 없습니다. 그때 나는 나에게 맞지 않는 공부들로 고통 당했던 것입니다.

그 때는 10여권의 시집과 동화집, 영화에 대한 책 등 100권이 넘는 책을 쓰고 전시를 할 만큼 사진, 유화 등 예술적 영역에 가능성이 있었다는 것을 아무도 몰랐습니다. 어느 선생님도 나의 가능성을 발견하지 못했습니다. 세상

이 정해놓은 틀에서 볼 때 나는 싹수가 노란 놈이었지만
아니었습니다. 나는 놀라운 존재였습니다. 만일 그 당시
누군가가 나의 가능성을 다르게 말해주었다면 나는 정말
더 근사한 친구가 되었을지도 모릅니다.

  오로지 주님만이 그 놀라운 나를 알고 계셨습니다. 주님
을 만나면서 나는 나의 길을 찾게 된 이유입니다. 얼마나
놀라운 일입니까?

교사의 기도

주님,
뭔가 잘못 되었습니다.
모두가 똑같은 길을 갑니다.
그렇게 가기를 강요합니다.
모두 공부를 잘해야 하고
모두 얼굴이 예뻐야 하며
모두 잘 살아야 합니다.

그런데 그렇지 못합니다.

공부 못하는 아이들은
문제아처럼 취급 받습니다.
근사한 대학을 다니지 못하면
위축된 모습을 갖게 합니다.
얼굴 때문에 방학 때마다
뜯어 고치는 것이 소원입니다.

주님,
바르게 가르치겠습니다.
주님은 외모를 보지 않는다고
우리 중심을 보신다고 가르치겠습니다.
아이들 안에 가능성을 보고
그 가능성을 축복하며 이끌겠습니다.

주님,
우리 아이들이 하나님의 세상을 누리며
자기 만의 길을 갈 수 있도록 돕겠습니다.

옆에서 같이 걸으며 보여주며 이끌겠습니다.
그 길을 잘 갈 수 있도록 도와주십시오.

예수님의 이름으로 기도드립니다. 아멘.

* 교사의 다짐

어떤 다짐을 하게 되었는지 적어 보십시오.

하나님은 너를
죽도록 사랑하신단다

우리 아이들이 자신 있게 살아도 되는 이유는 하나님이 사랑하시기 때문입니다. 어떤 자격이나 조건 때문이 아니라 그냥 거기 있는 존재 자체로 하나님이 사랑하시기 때문입니다. 그것을 꼭 말해주어야 합니다. '하나님은 너를 죽도록 사랑하신단다.'

물음

경쟁으로 죽고 사는 세상에서 우리 아이들은 이상한 가

치를 배웁니다. 세상이 말하는 가치 없는 것, 약한 것, 보잘 것 없는 것, 가난과 장애, 힘이 없는 것 등 이런 종류들은 간과해도 된다는 생각입니다. 정말 그런 것입니까? 그렇게 받아들이도록 눈을 감아야 합니까?

영화에서 찾은 이야기 '하루'

장난감 회사에 다니는 석윤(이성재)과 디자이너인 진원(고소영), 서로 대학시절부터 사랑하여 행복한 결혼에 이르러 살고 있습니다. 만족할만한 생활이었지만 결혼한지 6년이 지났는데도 아이는 없었습니다. 여러 노력을 기울이다가 인공수정을 시도하였는데 네 번째 시도 때 성공합니다.

여러 노력을 기울이다가 인공수정을 시도하였는데 네 번째 시도 때 성공합니다.

기쁨은 일시적이었습니다. 태아에 문제가 있었던 것입니다. 기막히게도 뇌가 없는 무뇌증 아이였습니다. 태어나더라도 하루밖에 살 수 없는, 실제는 죽은 것과 다름없는 상태였습니다. 이 사실을 발견하자마자 의사와 남편은 낙태를 권하였습니다. 하루밖에 살지 못하는 그 아이가 의미 없어 보였고, 태어나자마자 하루 만에 죽게 될 아이를 낙태시키는 것은 산모를 위해서도 바람직한 일이었습니다.

'하루 밖에 살 수 없습니다. 이 세상에 나와도 아무 짝에도 소용이 없습니다. 더욱이 제왕절개를 해야 하니까 어머니도 위험합니다. 그리고 후유증도 심각합니다. 하루를 사는 것이 의미 있습니까?'

의미가 없어 보였습니다. 그런데 엄마 진원이 아이를 낳겠다는 것입니다. 단 하루 밖에 살 수 없는 아이를 말입니다. 오히려 남편을 설득합니다. 남편을 설득하면서 진원이 말하던 대사를 잊을 수 없습니다.

'우리는 아이를 원했던 거지. 그 아이가 어떤 아이이길 바랬던 것은 아니잖아. 그 아이가 단 하루를 살다가더라도 감사할래.부탁해. 나 좀 도와줘.'

'단 하루를 살다가더라도 감사할래.' 두 사람은 '하루밖에 살 수 없는 아이라 해도' 낳기로 결정합니다. 그리고 아이의 이름을 두 사람의 이름을 따서 '윤진'이라고 짓습니다.

드디어 아이가 태어나던 날 아버지 석윤은 동사무소로 가 호적에 올립니다. 그리고 아이 이름이 기록된 주민등록등본을 가지고 돌아왔습니다. 아버지 석윤이 어머니 진원과 함께 인큐베이터실 앞에서 아이의 이름이 적힌 주민등록등본을 흔드는 모습이 너무 아름다웠습니다. 그런데 가슴을 찢는 것은 하루밖에 살 수 없는 아이의 실재였습니다. 이런 질문이 들었습니다.

'하루밖에 살 수 없는 아이의 가치는 어디에서 오는 것일까?'

성경이 말하는 대답

예수님이 십자가에 못 박히실 때 좌우에는 강도들이 함

께 달려있었습니다. 그런데 그 중 한 강도가 자신의 죄됨을 고백하며 예수를 인정하는 발언을 합니다. 이어 조심스럽게 이렇게 말하였습니다.

"예수여 당신의 나라에 임하실 때에 나를 기억하소서"
(눅23:42)

자신이 어떤 존재인지를 알고 있는 강도는 기억해달라는 말 이상의 말을 할 수가 없었습니다. 숨죽인 희망사항이었습니다. 가치의 개념으로 말하면 그 강도는 구원할 가치가 없는 존재였습니다. 그는 흉악한 강도였고, 몇 시간 후 죽기 때문입니다.

가치가 없습니다. 영화 '하루'의 아이보다 훨씬 못한 거의 무가치한 존재였습니다. 바로 그때였습니다. 강도의 그 고백을 듣는 순간 주님은 기다렸다는 듯이 지체하지 않고 천국 동행을 선언하셨습니다. 그것은 강도의 구원을 말하는 것이었습니다.

"오늘 네가 나와 함께 낙원에 있으리라"(눅23:43)

무가치하지 않다는 선언이었습니다. 그것만이 아니었습니다. '기억이라도' 해 달라 말하는 강도에게 예수님은 '동행'을 요청하신 것입니다. '걱정 말고 같이 가자.' 그러니까 주님은 기다리고 계셨던 것입니다.

그렇다면 강도의 가치는 무엇입니까? 어디에서 오는 것입니까? 말할 것도 없이 그 분의 사랑에 있습니다. '죽도록 사랑'하시는 것이 그 이유입니다. 그 강도의 존재 이유는 하나님 아버지의 사랑이었습니다.

'사랑함이 가치였다.'

하루를 살든, 백년을 살든 차이가 없습니다. 그가 어떤 위대한 일을 했느냐에 달려 있는 것도 아닙니다. 우리 존재 자체가 사랑함의 이유이기 때문입니다.

하루를 살든 백년을 살든

아무런 상관이 없다

하루를 살아도 내 자식이고

백년을 살아도 내 자식이니까

   더욱이 백년을 사랑하며 살 수 있는 아이들과 달리 고작 하루만 함께 사랑하며 살 수 있다는 것은 특별한 사랑을 의미합니다. 그것은 백년 동안의 사랑을 단 하루 동안 다 쏟아부어야 하는 것을 의미하기 때문입니다. 그러므로 단 하루를 살더라도 의미가 있습니다. 하루밖에 살 수 없지만 백년을 응축시킨 사랑이기 때문입니다. 이것이 우리 존재의 무게입니다. 이것이 나머지 생을 살 만한 가치의 원천입니다.

> 하루밖에 살 수 없지만 백년을 응축시킨 사랑이기 때문입니다. 이것이 우리 존재의 무게입니다.

하루만 사랑할 수 있다

내 눈으로 하루만 볼 수 있다

백년 동안 사랑할 사랑은 없다

오직 하루만 사랑할 수 있다

백년 동안 사랑할 사랑으로

오늘 하루만 사랑할 수 있으니

그 깊이를 어떻게 표현할 수 있을까

　이 사랑이 기독교 복음의 핵심이고 우리가 아이들에게 반드시 가르쳐야 할 기독교 교육의 내용입니다. 아이들의 가치는 하나님이 죽도록 사랑하는데서 온다는 사실 말입니다.

교사의 대답

하루를 살든 백년을 살든

아무런 상관이 없다

하나님 앞에선 의미가 없다

그 사랑 앞에선 의미가 없다

하나님 아버지의 새끼니까

죽도록 사랑하시니까

다른 것은 의미가 없다

사랑하시니까

죽도록 사랑하시니까

이 기막힌 사랑을 알기 때문에 로마서 8장 32절은 정말 아름답습니다. 우리 아이들에게 이 말씀을 꼭 새겨주십시오.

"자기 아들을 아끼지 아니하시고 우리 모든 사람을 위하여 내주신 이가 어찌 그 아들과 함께 모든 것을 우리에게 주시지 아니하겠느냐"(롬8:32)

'죽도록 사랑하시니까'

죽도록 사랑하는 분 앞에서

다른 것은 의미가 없다

사랑하는 것 외에

아무 것도 관심없다는 뜻이니까

'자기 아들을 아끼지 않으시고'
무서운 사랑

'우리를 위해 내어주신 하나님'
지독한 사랑

'하나님은 사랑이시다'
당연한 얘기
다른 표현을 못하는 것은
표현할 수 없는 것이니까
표현하는 순간
훼손되는 것이니까

다른 것은 의미가 없다
사랑하시니까
죽도록 사랑하시니까

   우리 아이들에게 무엇을 가르쳐야 할까 고민할 것도 없
습니다. 하나님의 사랑입니다. 그것을 보여주면 됩니다.

그것을 알게 해 주면 됩니다. 그러므로 사랑 없이는 가르치지 마십시오. 이 말을 할 수 없으면 교사직을 내려놓으십시오.

'애야, 하나님은 너를 죽도록 사랑하신단다.'

하정완목사 이야기

하정완, 나는 참 보잘 것 없고 모자란 사람이었습니다. 아버지와 어머니는 오랫동안 별거하셨고 나는 외할머니와 함께 유년시절을 보냈습니다. 할머니가 위암으로 돌아가신 후 어머니와 단 둘이 살았지만 이미 위축된 아이였습니다. 그 후 초등학교 5학년 때 아버지와 다시 결합하였지만 아버지는 술중독자셨고 한정 치산 선고를 받으신 폐인이셨습니다. 불과 2년 후 아버지는 39살 나이에 심장마비로 세상을 떠나셨습니다. 어머니는 그 후로 자궁암으로 돌아가실 때까지 평생 혼자 사셨습니다.

더욱이 가난했습니다. 그
런 형편으로 사는 나는 앞
에서 언급한 것처럼 열등
감과 낮은 자존감으로 꽉
뭉쳐있었습니다.

더욱이 가난했습니다. 그런 형편으로 사는 나는 앞에서 언급한 것처럼 열등감과 낮은 자존감으로 꽉 뭉쳐있었습니다. 급기야 고등학교 2학년 때는 자살을 생각할만큼 혼란스러웠습니다. 그런 내가 여름 수련회에 참여하였다가 주님을 영접한 것입니다. 심지어 목사가 되겠다고 서원하였습니다.

하나님은 무모하시지만 매우 극적이십니다. 하나님의 생각은 그 깊이를 가늠할 수조차 없습니다. 그 날 하나님은 나를 깊이 만나 주셨습니다. 하나님의 사랑을 경험하게 하셨습니다.

'하나님이 나를 죽도록 사랑하신다.'

17살의 청소년 하정완, 죽음을 생각하던 내가 살아나는 순간이었습니다. 물론 그 후 당장 외적으로 대단하게 달라진 것은 아닙니다. 그렇지만 변화는 내면에서 일어났습니다.

무엇보다 열정이 생겼습니다. 하고 싶은 의욕과 꿈, 곧 비전이 생겼습니다. 끝까지 갈 수 있는 용기가 생겼습니다. 실패할지라도 끝까지 하고 싶은 마음이 들었습니다. 하나님이 나를 죽도록 사랑하시니까. 그것이 힘이었습니다.

돌아보면 내가 예수를 주로 영접하던 그날, 나의 모든 것은 변하였습니다. 나의 고백으로 하나님은 성령을 통하여 내 안과 밖에서 역사하셨습니다. 위태한 상황도 많이 있었지만 지금까지 걸어가게 하셨습니다. 지금의 하정완 목사가 된 것입니다. 모두 다 하나님이 하셨습니다. 바울의 고백처럼 말입니다.

"내가 나 된 것은 하나님의 은혜로 된 것이니... 내가 한 것이 아니요 오직 나와 함께 하신 하나님의 은혜로라"(고전15:10)

교사의 기도

하루를 살든
백년을 살든
당신은 우리를 똑같이 소중하게 여기시는
하나님이심을 압니다.

그런데 이 세상은 그렇지 않습니다.
우리 아이들은
벌써부터 차별 받습니다.
세상의 기준으로 평가 받습니다.

어떤 아이는 스스로 모자라다고
어떤 아이는 스스로 비참하다고
생각하도록 강요 받습니다.

주님,
당신은 그리 보지 않으신다는 것을
아이들에게 잘 가르칠수록 도와주시고
이 세상 사는 동안

어깨 피고 당당히 살 수 있도록 도와주옵소서.

하루를 살든
백년을 살든
하나님의 자녀답게 살 수 있도록
주님, 도와주옵소서.

하나님 나라의 자녀로
왕 같이 늠름하게 살아가도록
주님, 인도하옵소서.
그리 가르칠 수 있도록
우리에게 지혜를 부어주옵소서.

예수님의 이름으로 기도드립니다. 아멘.

* 교사의 다짐
어떤 다짐을 하게 되었는지 적어 보십시오.

너는 아름답고 소중하단다

하나님은 우리 모두를 아름답게, 다양하게, 개성 있게 창조하셨습니다. 문제는 이 세상의 교육 시스템 같은 것입니다. 어떤 틀을 만들어 놓고 거기에 그냥 가둬놓습니다. 그 기준에 맞지 않으면 무시당하고 필요 없는 존재라고 취급 받게 합니다. 그러므로 하나님의 생각을 말해줘야 합니다. '너는 아름답고 소중하단다.'

물음

그리스 로마 신화에 나오는 테세우스의 모험 이야기를

보면 아타카의 프로크루스테스는 지나가는 행인을 붙잡아 자신의 침대에 눕히고 키가 침대 길이보다 짧으면 행인의 몸을 잡아 늘려 죽이고, 행인의 키가 침대 보다 길면 다리를 잘랐습니다. 이 같이 규격대로 우리 아이들을 몰아넣는 상황에서 우리는 어떻게 가르쳐야 합니까?

영화에서 찾은 이야기 '파파로티'

김천예고는 지방에 있는 까닭에 상대적으로 주목받지 못하는 학교입니다. 이런 상황을 극복해 보려는 교장 선생(오달수)이 볼 때 조폭인 학생 장호(이제훈)는 상품 가치가 있었습니다. 그래서 몇 번이나 퇴학 경험이 있는 장호를 받아들이기로 결정합니다.

하지만 음악 교사인 나상진 선생(한석규)은 현직 조폭인 장호가 도무지 마음에 안 들었습니다. 하도 교장이 사정해서 받아들였지만 애초에 기대가 없었습니다. 그래서 아예 학교에서 레슨을 해주지도 않고 거들떠 보지도 않았습니다.

그러던 어느 날 폭력을 휘두른 까닭에 경찰서에 잡혀온 장호를 단지 선생이란 이유로 찾아가 데리고 나올 때였습니다. 나 선생

폭력을 휘두른 까닭에 경찰서에 잡혀온 장호를 단지 선생이란 이유로 찾아가 데리고 나올 때였습니다.

은 조폭 따위가 왜 학교를 다니는 것인지 이해가 안 되었습니다. 더욱이 노래하고 싶다는 장호의 말이 어이없었습니다. 그래서 나 선생이 툭 말을 던졌습니다.

'내 나이쯤 되면 안 찍어봐도 똥인지 된장인지 알 수 있어, 마!'

그 같은 나 선생의 말에 장호의 대답이 짠했습니다.

'내 똥 아닙니다.'

그래서 그런 것입니까? 나 선생은 자신의 집에서 상호의 노래를 들어봅니다. 장호가 부른 것은 푸치니 오페라 '토스카' 중 아리아 '별은 빛나건만'이었습니다. 그런데 전혀 기대하지 않았는데 노래가 기막혔습니다.

> 장호 안에는 기막힌 노래가 있었습니다. 그 순간 나상진 선생은 견딜 수가 없었습니다.

장호 안에는 기막힌 노래가 있었습니다. 그 순간 나상진 선생은 견딜 수가 없었습니다. 교장 선생은 권위 있는 콩쿨에 나가 대상 타서 학교 위상을 높이려고 하였지만, 나 선생은 장호를 정말 멋있게 노래하는 성악가로 키워주고 싶었습니다. 정확히 말하면 '그 존재 안에 있는 노래'를 끄집어내주고 싶었던 것입니다.

그러기 위해서 먼저 나 선생은 장호를 조폭 세계에서 나오게 해야 했습니다. 그것이 우선이었습니다. 어쩌면 위험이 닥칠지도 몰랐지만 나상진 선생은 조폭 두목에게 찾아가 '자신의 발 모가지를 끊어 가시고' 장호를 놓아 달라고 사정합니다. 왜 그렇게 행동한 것입니까? 당연히 소중한 아름다움을 보았기 때문이었습니다.

'내 발 모가지를 끊어 가시고 장호를 놓아 달라.'

성경이 말하는 대답

누가복음 15장 탕자의 이야기에서 아버지는 돌아온 둘째 아들을 엄청나게 환대하였습니다. 그런 아버지를 큰아들도, 종들도, 동네 사람들도 도무지 이해하지 못하였습니다. 왜 그토록 허랑방탕하게 살다 돌아온 개망나니 같은 아들에게 송아지를 잡고 가락지를 끼우고 옷을 입히고 잔치를 베풀었는지 말입니다.

왜 그렇게 한 것입니까? 이해하기 어렵겠지만 아름답고 사랑스럽기 때문입니다. 이미 아들과 아버지는 하나이기 때문입니다. 다른 사람들은 도무지 알 수 없는 질긴 사랑 때문입니다.

또 다른 질문을 던지고자 합니다. 왜 하나님은 우리가 원수가 되었음에도 아들 예수를 보내셔서 우리를 위해 십자가에 못 박혀 죽는 것을 허용하신 것입니까? 더욱이 우리 주님은 왜 흔쾌히 하나님의 뜻에 따라 십자가에 못 박혀 죽는 것을 받아들이신 것입니까?

왜 그런 것입니까? 우리가 아름다워서 그렇습니다. 우리가 사랑스러워서 그런 것입니다. 다른 이유는 없습니다. 우리가 개망나니라도 사랑스러운 것은 어쩔 수 없는 것입니다. 저도 슬그머니 주님께 물었습니다. 왜 저를 사랑하세요? 주님이 하신 대답입니다.

'네가 아름다워서 그래'

왜 너를 사랑하느냐고
묻는다면
'네가 아름다워서 그래'라고
말할 거야

다른 이유가 있지 않나요 라고
다시 묻는다 해도
'네가 아름다워서'라는 말 외에
달리 할 말이 없어

진짜로 묻겠어요 하면서

아무리 다시 묻는다 해도

'네가 아름다워서'

이 말 외에는 할 말이 없어

나도 왜 그런지는 몰라

네가 왜 아름다운지

설명할 길은 없어

'네가 아름다워서'가

유일하게 할 수 있는 설명이니까

넌 정말 아름다워

그렇습니다. 우리는 아름답습니다. 영화 속의 나상진 선생은 장호의 아름다움을 발견하는 순간 흥분하며 도왔지만 하나님은 우리를 창조하셨기 때문에 우리를 이미 알고 계셨습니다. 우리가 아름답다는 것을 말입니다. 하나님이 완전하고 아름다운 존재이기 때문입니다. 그런 까닭에 하나님으로부터 나온 존재인 우리는 무조건 아름다운 것입니다. 우리가 이 세상을 반드시 아름답게 살 수밖에 없는 이유입니다.

교사의 대답

하나님이 우리를 위해 독생자 예수를 보내신 것은 우리를 사랑하기 때문이고 우리가 아름답기 때문입니다. 어떤 대가라도 지불할 만큼 아름답기 때문입니다.

> 자신의 발목을 잘라서라도 대가를 지불하고 장호를 조폭 세계에서 꺼내려는 선생님의 사랑을 알게 됩니다. 그것이 이유였습니다.

드디어 장호가 그 사랑을 알게 됩니다. 자신의 발목을 잘라서라도 대가를 지불하고 장호를 조폭 세계에서 꺼내려는 선생님의 사랑을 알게 됩니다. 그것이 이유였습니다. 제일 먼저 장호는 조폭 세계를 떠나기로 결정합니다. 나를 믿어주고, 나를 위해 발목을 잘라도 좋다는 선생님의 사랑을 만나면서 말입니다. 그때부터 장호는 정말 잘 삽니다. 선생님을 위해 삽니다. 열심히 공부합니다. 좋은 사람이 됩니다.

바울이 경험한 것도 그와 같은 것이었습니다. 자신을 대신하여 저주받아 죽으신 예수 그리스도를 통하여 하나님의 사랑을 알았습니다. 감당할 수 없는 깊이의 사랑이었습니다. 하나님을 위해 사는 것은 축복이었고 은총이 되었습니다. 주님을 위해 사는 것이 목적이 되었습니다.

"우리가 살아도 주를 위하여 살고 죽어도 주를 위하여 죽나니 그러므로 사나 죽으나 우리가 주의 것이로다"(롬 14:8)

사실 그동안 우리는 너무 우리 아이들을 만들어진 어떤 틀에 가두어 놓은 세상을 용인하였습니다. 정해진 틀을 가지고 아이들을 평가하였습니다. 그 기준에 미달되는 순간 미달된 인생을 살게 만들어 버렸습니다. 아예 꿈을 꾸지 못하게 만든 것입니다.

그래서 고등학교를 졸업하는 날, 자신이 스스로 결정하는 순간이 올 때 '꿈의 상실'을 경험하고 새로운 꿈을 좇거나 깊은 방황으로 들어서는 것입니다. 교회를 떠나는 이유가 되기도 합니다.

'너는 아름답고 소중하다.' 하나님이 하시는 이 말씀을 왜 우리 아이들에게 전해주지 못했는지 회개해야 합니다. 세상에 나가자마자 난무하는 세상의 규격화된 말들에 동조하지 않고 하나님의 생각을 가지고 아이들을 대해야 합니다. 세상이 뭐라 해도 우리는 세상과 다르게 말을 하며 아이들을 사랑해야 합니다. 꼭 이 말을 해 주십시오.

'너는 아름답고 소중하다.'

하정완목사 이야기

하나님이 나를 사랑한다는 것을 아는 순간부터 생긴 것은 자유함이었습니다. 무엇이든 자유롭게 사는 것이 가능하게 되었습니다.

물리, 화학, 생물, 수학 등으로 설명할 수 있는 세상이 정해놓은 틀로 평가받던 것으로부터 자유하게 되었습니다. 성적이 시원찮아도 내가 좋아하는 것들을 하며 살게 되었습니다. 특히 신학대학에 들어오면서 그러한 삶이 가능해 졌습니다.

영화를 보고, 노래를 하고, 음악도 즐기고(그 중에 하드 록이나 메탈), 시를 쓰는 것 등 대학 생활은 내가 하고 싶은 것들을 하는 시간이었습니다. 그 덕분에 학점은 4.0 만점에 1.75 정도 나오는 형편없는 것이었지만 말입니다.

그런데 놀랍게도 내가 좋아하는 것들 속에 가능성이 있었습니다. 사실 청소년, 청년 시절 영화를 매우 좋아했는데, 하지만 영화는 늘 회개해야 하는 것이었습니다.

하지만 하나님은 내가 좋아하는 영화를 가지고 복음을 전하도록 인도하셨습니다. 교회를 개척하던 1999년부터 시작한 영화설교는 벌써 17년이 넘었고 600편 가까이 영화로 설교하였습니다. 그런데 영화설교는 청소년, 청년들에게 복음을 전하는데 매우 강력한 효력을 발휘하였습니다. 아직도 청소년, 청년 설교자로 활동할 수 있는 이유입니다.

그 외에도 드라마, 노래, 사진, 그리고 그림에 이르기까지 나는 청소년 시절에 찾지 못했던 것들을 이용해 복음을 전하고 있습니다. 제가 행복한 이유입니다. 더욱이 하나님이 그렇게 저를 사용하시기 때문입니다.

교사의 기도

주님,
우리 아이들이 당신의 사랑을 알 수 있도록
잘 인도하는 교사가 되게 도와주옵소서.

세상이 모두 인정하지 않고
버리고 포기할 때
주님의 마음으로
주님의 눈으로
우리 아이들을 볼 수 있도록

주님의 마음을 주옵소서.

매일 아이들을 바라보며
너는 아름답고 소중하다 말할 수 있도록
우리 눈에서 편견을 지워주시고
당신의 심장을 우리에게 넣어 주옵소서.

주님,
당신이 십자가에 달리신 것처럼
몸을 불사를 자신은 없지만
비슷하게라도 당신을 따라가는
사랑의 깊이를 주옵소서.

예수님의 이름으로 기도드립니다. 아멘.

* 교사의 다짐
어떤 다짐을 하게 되었는지 적어 보십시오.

- -

- -

- -

- -

먼저 자기를
보호할 줄 알아야 해

이 세상을 살다보면 우리도 모르는 사이에 우리는 조급
해집니다. 학교 성적과 외모 등으로 평가받고, 그래서 스
펙을 쌓으려고 몸부림칩니다. 그러다 지나친 욕심에 사로
잡혀 거짓과 속임수의 유혹에 빠지기도 합니다. 그러므로
우리 아이들이 그렇게 살지 않도록 도와줘야 합니다. 천
천히 가도 된다고, 먼저 자기를 보호하고 사랑하라고 가
르쳐야 합니다. '먼저 자기를 보호할 줄 알아야 해.'

물음

시험 때문에 밤을 새우며 공부하다가 주일 아침 교회를
나온 아이에게 '더 열심히 공부해라' 말하는 것은 잔인한
일입니다. 그렇다고 대충 하라고 말할 수 없는 교육 현실
에서 우리는 무엇이라 말해야 좋습니까?

영화에서 찾은 이야기 '밀리언 달러 베이비'

13살에 시작한 식당 종업원 생활부터 32살이 되기까지
걸어온 매기(힐러리 스웽크)의 삶은 쓰레기와 같았습니
다. 먼저 집안이 엉망이었습니다. 오빠는 감옥에 있고, 여
동생은 양육비를 뜯으려고 정부를 속이는 일이나 하며,
어머니는 140kg이나 나가는 게으르고 이기적인 여자였
습니다.

매기가 몸부림치며 살려 해도 그녀가 있는 곳은 언제나
밑바닥이었습니다. 그런 밑바닥에서 알게 된 복싱은 그녀

의 존재의 무게를 깨닫게 하는 것이었습니다. 더 이상 아무 것도 잃을 것이 없는 서른 두 살, 정말 자신에게 주어진 삶을 치열하게 살고 싶었던 매기에게 복싱은 살아있는 걸 느끼게 하였습니다. 그런 그녀가 전설의 트레이너 프랭키 관장(클린트 이스트우드)으로부터 권투를 배우면서 실력있는 복서로 거듭나기 시작합니다.

> 정말 자신에게 주어진 삶을 치열하게 살고 싶었던 매기에게 복싱은 살아있는 걸 느끼게 하였습니다.

비참한 과거를 갖고 살아온 매기의 소원은 경기에 나서서 이기는 것이었습니다. 자신이 살아왔던 비참한 삶을 넘어서기 위해서라도 이겨야 했습니다.

첫 시합, 매기는 매우 근사하게 KO로 서전을 장식합니다. 하지만 코치 프랭키는 별로 좋아하지 않았습니다. 자신의 말을 지키지 않았기 때문이었습니다. '자신부터 보호하라'는 규칙을 지키지 않았던 것입니다. 코치 프랭키의 관심사는 승리하는 것이 아니었습니다. 승리보다 먼저 자신을 보호하는 것이었습니다.

'자신을 먼저 보호하라.'

인생이란 바다를 건널 때 가장 중요한 것은 자신을 보호하고 사랑하는 것입니다. 그것이 기본입니다. 우리 아이들에게도 이것을 가르쳐야 합니다. 그런데 우리는 아이들에게 가르치기는 커녕 선생님 자신이 먼저 자꾸 잊어버리거나 건성으로 듣습니다. 이기고 싶기 때문입니다. 성공하고 싶기 때문입니다.

매기 역시 이기고 싶었습니다. 자신은 돌아보지 않았습니다. 자꾸 경기에 나가고 싶었습니다.

매기 역시 이기고 싶었습니다. 자신은 돌아보지 않았습니다. 자꾸 경기에 나가고 싶었습니다. 더 크고 익사이팅한 경기에 출전하고 싶었습니다. 빨리 성공하고 싶었던 것입니다. 하지만 코치 프랭키는 자꾸 막았습니다. 이유는 간단했습니다. 매기가 아직 자신을 보호하는데 신경 쓰지도 않았고 익숙하지도 않았기 때문입니다.

'네가 조금만 얼굴 보호를 잘해도 내가 거절하지 않지!'

영화가 참 아픕니다. 계속 승승장구하던 매기가 100만 불 대전료를 받고 세계 타이틀 매치 경기에 나선 때였습니다. 매기는 상대 선수의 반칙으로 인해 경추 2번이 부서지고 이로 인해 척추신경이 손상되어 전신마비라는 끔찍한 상황을 만납니다.

죽을 때까지 누워있는 채로 살아야 하고, 말하는 것 외에는 아무 것도 할 수 없는 식물인간이 된 것입니다. 그제야 매기는 프랭키가 한 말, '언제나 자신을 보호하라'는 말의 의미를 압니다. 참 아쉽고 속상한 이야기입니다.

성경이 말하는 대답

주님이 우리에게 주신 유일한 명령은 하나님을 사랑하고 이웃을 사랑하라는 명령입니다. 그런데 이 말씀을 자세히 읽어보면 매우 이기적인 전제가 밑바탕에 깔려 있습니다.

"네 이웃을 네 몸과 같이 사랑하라"(마22:39)

풀어서 이야기하면 자기 몸을 사랑하는 것처럼 이웃을 사랑하라는 말씀입니다. 즉, 이웃을 진정 사랑하는 법은 자신을 사랑하는 것에 기초한다는 뜻입니다.

주님이 제자들을 전도하러 보낼 때입니다. 주님은 제자들에게 전도 시 주의할 매우 중요한 사항을 강조하셨습니다. 특히 전도하다가 사람들이 거절할 때 어떻게 태도를 취할지를 이렇게 가르치셨습니다.

"누구든지 너희를 환영하지 않거든 그 동네를 떠나라. 떠날 때에는 그들에게 경고하는 표시로 발에 묻은 먼지를 떨어 버려라."(공동번역/눅9:5)

예수님이 제자들에게 이런 말씀을 하신 것은 제자들이 소중했기 때문입니다. 그들은 천하보다 귀한 존재였고, 하나님의 형상대로 지음 받은 신적 존재였기 때문입니다.

왜 크리스천이, 그리고 우리 아이들이 세상에서 사랑을 실천하는데 능숙하지 못하고 어설픈 것입니까? 그것은 자신을 사랑하는 일에 서툴기 때문입니다. 자신을 존중하지 못하기 때문입니다. 내가 얼마나 귀중한 존재인지를 자꾸 간과하기 때문입니다. 자신을 사랑하는 것을 제대로 배우지 못했기 때문입니다. 언제나 많은 죄책감을 오히려 심었고 버림받은 감정이 지배하는 것을 방치했기 때문입니다.

우리 모두는 매우 소중한 존재입니다. 우리가 상처받는 것, 그것은 주님의 뜻이 아닙니다. 그런데 우리는 이것을 잊습니다. 왜 그런 것입니까? 성공지상주의에 눈이 멀었기 때문입니다. 이기려고만 하기 때문입니다. 그래서 이기기 위해서는 거짓이라도 하라는 뉘앙스의 가르침을 범하기도 하는 것입니다.

교사의 대답

건강하지 못한 자아를 가진 미숙한 자녀에게 부모님은

일을 주지 않습니다. 보호합니다. 심지어 자신을 보호할 것을 강요합니다. 알다시피 처음 학교를 들어간 초등학교 1학년에게 하는 이야기는 '공부 잘해야 한다' '1등 해야 한다'가 아니라 '차 조심해라' '길에서 불량식품 먹지 말아라' '건널목을 건널 때는 손들고 좌우 살피고 건너라' 등 모든 자기 보호에 관계된 것입니다.

우리 아이들이 그런 놀라운 존재가 되도록 꿈꾸며 가르쳐야 합니다.

분명 우리는 우리 주를 위해서 일해야 합니다. 우리 아이들이 그런 놀라운 존재가 되도록 꿈꾸며 가르쳐야 합니다. 그것이 우리의 목적이 되어야 합니다. 하지만 이보다 중요한 것은 자신을 보호할 줄 아는 사람이 먼저 되도록 가르쳐야 합니다. 동시에 자신을 사랑하는 아이들이 되도록 도와야 합니다. 주님은 자기 보호가 가능한 사람들에게 일을 주시기 때문입니다.

가끔 혼자 생각만 해도 미소가 지어지는 장면들이 있습니다. 그 중의 하나가 예수님이 오병이어로 오천명을 먹이신 이야기입니다. 다른 하나는 가나의 혼인잔치입니다. 분명 그 잔치 자리는 거나하게 취했을 법한 상황이었을텐데 주님은 물을 포도주로 바꾸는 기적을 행하셨습니다. 잘 먹이고 또 사랑하고 그것이 주님의 마음이었던 것입니다.

마찬가지로 우리가 아이들을 가르칠 때 필요한 것은 두 말할 것도 없이 사랑하는 것입니다. 그래서 먹이고 입히고 사랑하는 것입니다. 그래서 수련회가 시작되면 너무 좋습니다. 무조건 아이들을 잘 먹입니다. 잘 먹고 열심히 기도하자고 말합니다. 그것도 최고로 맛있게 말입니다.

우리 목회, 우리 교육의 8할은 사랑하고 먹이는 것이어야 합니다. 같이 먹고 이야기하고 놀고 사랑하고 보호하는 것입니다. 그 아이들을 꼭 안아주는 것은 하나님의 사랑을 말하는 메시지여야 합니다.

'공부는 잘 하니?'
'너, 학교에서 몇 등하니?'

이런 질문보다 우리는 다른 것을 물어야 옳습니다.

'몸은 괜찮니?'

'공부하느라 힘들지?'

'자기 몸을 생각하며 살아야 한다. 알았지?'

우리 자신들과 함께 우리 아이들은 매우 소중한 존재입니다. 인생이라는 바다를 건널 때 잊지 말아야 할 철칙입니다. 그것을 아이들이 알도록 가르쳐주셔야 합니다.

'애야, 먼저 자기를 보호할 줄 알아야 해.'

하정완목사 이야기

초등학교 5학년 때 쯤의 일입니다. 학교에서 늦게까지 놀던 내가 철봉에서 떨어지면서 왼쪽 팔꿈치 골절상을 입었습니다. 집에 돌아가면 어머니에게 혼날 것이 뻔했습니다. 그래서 집에 가지 않고 시간을 미루고 있었는데 팔이 통통 부어오르기 시작했습니다.

하지만 어둠이 밀려오면서 결국 집으로 돌아 가는 길에 나를 찾아 나선 어머니를 만났습니다. 그때 어머니는 나를 혼내지 않았습니다. 퉁퉁 부은 내 팔을 보면서 아파하는 어머니의 눈물을 보았을 뿐입니다. 어머니의 관심사는 바로 나였다는 것을 알았습니다.

그 사랑을 알고 난 후부터 나는 조심했습니다. 겁도 많아졌습니다. 함부로 몸을 굴리지도 않고 거칠고 나쁜 일은 참여하지 않았습니다. 어머니를 위해서라도 나는 나를 보호해야 했습니다.

나의 하나님 이해는 어머니 때문에 쉽습니다. 하나님을 알면서 깨닫는 사랑의 모습은 어머니와 유사하기 때문입니다. 나를 그토록 사랑하신 우리 어머니보다 나를 더 사랑하시는 하나님 아버지, 이를 생각하는 것만으로도 감격하는 이유입니다.

교사의 기도

주님,
우리는 가끔 잊습니다.
우리가 얼마나 소중한지를 잊습니다.
매일 치열하게 싸우며
이기지 않으면 패배하는 것이라 생각하며
살아왔기 때문입니다.

주님,
아이들을 가르칠 때에도 잊습니다.
우리에게 주어진 아이들이 소중하지만
우리도 모르는 사이에 경쟁 속으로 밀어 넣습니다.
거기서 이겨야 한다고
무조건 싸워야 한다고 가르치기도 합니다.
그래서 회개합니다.

주님,
이제 다르게 가르치고 싶습니다.

우리 아이들이 소중하다는 것을
우리 아이들이 그대로 아름답다는 것을
가르치고 싶습니다.

이 세상 사는 것 자체로
놀라운 아름다움이라는 것을
아이들에게 가르치고 싶습니다.
주님, 도와주옵소서.

예수님의 이름으로 기도드립니다. 아멘.

* 교사의 다짐
어떤 다짐을 하게 되었는지 적어 보십시오.

교사십계명 2
06 즐기렴
Teacher's Ten Commandments 2

지금 이 순간을 **사랑하고 즐기렴**

무엇보다 제일 먼저 지금, 현재를 사랑하는 법을 가르쳐 주십시오. 미래를 위해 현재를 희생하는 세상의 흐름을 좇아가지 말게 도와주십시오. 천천히 가는 법을 가르쳐 주시고 현재를 누리는 법을 가르쳐 주십시오. 같이 세상을 걷기도 하며 세상을, 그리고 지금을 누리고 느끼게 해 주십시오. '지금 이 순간을 사랑하고 즐기렴.'

물음

내일을 위해서 오늘을 포기하고 우리 아이들은 살아갑

니다. 그런 삶이 아름다운 것이 아닌 이유는 오늘을 포기하기 때문입니다. 오늘 그 아름다운 꽃봉오리는 오늘만 존재하기 때문입니다. 아이들에게 오늘이 아름답다고 말해주고 싶은데, 어떻게 가르쳐야 합니까?

영화에서 찾은 이야기 '죽은 시인의 사회'

명문학교, 졸업생 51명 중 75%가 옥스퍼드, 캠브리지 대학으로 대표되는 아이비 리그 대학에 입학시킨 월튼 학교는 그 이름만으로도 최고를 의미했습니다. 당연히 이 학교의 목표는 최고에 있었습니다. 공부를 잘하고 좋은 대학을 다니면 선이고 아름다움이지만, 공부를 못하면 그것 자체가 죄였습니다. 숨 막히는 삶이었습니다.

> 대학에 갈 소망도 없고 폐교를 앞둔 어느 고등학교 채플을 인도한 적이 있습니다.

오늘 우리가 사는 세상의 모습입니다. 어느 날 대학에 갈 소망도 없고 폐교를 앞둔 어느 고등학교 채플을 인도한 적이 있습니다. 그들의 눈

빛은 이미 절망 같은 것이 지배하고 있었습니다. 오늘 같은 경쟁사회 속에서 그들은 이미 도태된 친구들이었습니다. 나이는 10대지만 그들은 별로 효용 없는 사람들로 취급받는 느낌이었습니다. 학교는 그들의 인격, 그들이 잘할 수 있는 것, 그들의 아름다움을 찾아줄 생각을 하지 않는 것 같았습니다.

그런 세상으로 대표되는 월튼 학교에 이 학교 출신의 존 키팅(로빈 윌리엄스)이 영문학 선생으로 부임합니다. 그는 아이들에게 다른 관점으로 세상을 보도록 도와주었습니다.

오로지 시험 성적이 관심의 중심이었던 아이들에게 시를 말할 때였습니다. '시란 무엇인가'라는 질문에 아이들은 교과서 서문에 쓰여진 '시론'을 달달 외웠습니다. 그때 키팅 선생은 그 서론이 적힌 페이지를 찢어버릴 것을 요청합니다. 도무지 상상할 수 없는 일이었습니다. 존 키팅의 논리는 간단하였습니다.

'시는 생명이고 존재이다. 시는 측정할 수 있는 것이 아니다. 어떤 상자에 넣어서 규정할 수 있는 것이 아니고, 이미 그때 시는 생명을 잃는 것이다. 그러므로 지면 마음과 영혼이 다친다.'

정해진 것, 달달 외어 규정된 시는 시가 아니라는 것을 존 키팅은 알고 있었습니다. 그 아이들은 시를 배우는 것이 아니라 죽은 시를 배우고 있는 것이고, 그 말은 '죽은 시인'이 되는 것을 의미했습니다. 존 키팅의 눈에는 그렇게 보였습니다. '정해진 것, 획일화, 틀 그리고 죽은 시.'

존 키팅이 교과서를 찢게 한 것도 그런 것이지만 그는 아이들이 스스로 이 세상에서 얼마나 고귀한 존재이고 지금 10대 시절이 얼마나 찬란한 아름다움이며 자유하여도 되는 존재임을 알려주고자 하였습니다.

그 시작은 다르게 보는 것, 자유케 하는 시도였습니다. 어느 날 존 키팅은 수업 시간에 갑자기 교탁 위에 올라가서는 아이들에게 한 사람씩 자기처럼 올라와서 볼 것을 요청하였습니다. 단순하게 규정되고 도식화된 생각에서 벗어나 다르게 사물을 바라보라는 뜻이었습니다.

그리고 존 키팅이 아이들을 데리고 학교 역사 보존실로 갔을 때입니다. 그 곳에는 지금은 죽어 잊혀졌거나 노인이 되어버린 선배들의 사진들이 걸려 있었습니다. 비록 사진은 모두 다 색이 바랬지만 청년으로 살아 있던 선배들의 사진과 기록이었습니다. 그 곳에서 존 키팅이 말한 것은 지금 싱싱하고 아름다운 청년의 시절을 누리라는 것이었습니다. 그때 존 키팅이 썼던 문장이 '카르페 디엠'(Carpe Diem) 'seize the day.' '현재를 붙잡아라.' '지금을 사랑하라.'는 말이었습니다.

하지만 내일을 위해 현재를 희생하는 것, 이것이 우리가 살고 있는 세상의 요구이고, 우리 아이들과 우리는 이미 순응하며 걸어왔습니다. 그 순간 우리들에게는 10대를 포함한 청년 시절이 사라지고 말았습니다. 그 시간에 우리는 학교, 학원, 도서관 그리고 집 등 네모 안에 있는 삶으로 청춘을 보낸 것입니다. 아깝습니다. 정확하게 말해서 지금, 바로 오늘을 놓친 것입니다.

성경이 말하는 대답

어느 날 주님은 사람들이 "무엇을 먹을까 무엇을 마실까 몸을 위하여 무엇을 입을까"(마6:25)를 걱정하시는 것을 보면서 이 말씀을 하셨습니다.

"공중의 새를 보라 심지도 않고 거두지도 않고 창고에 모 아들이지도 아니하되 너희 하늘 아버지께서 기르시나니 너 희는 이것들보다 귀하지 아니하냐... 들의 백합화가 어떻게 자라는가 생각하여 보라 수고도 아니하고 길쌈도 아니하느 니라 그러나 내가 너희에게 말하노니 솔로몬의 모든 영광으 로도 입은 것이 이 꽃 하나만 같지 못하였느니라 오늘 있다 가 내일 아궁이에 던져지는 들풀도 하나님이 이렇게 입히시 거든 하물며 너희일까보냐 믿음이 작은 자들아"(마6:26, 28-30)

지금의 모습이 아름답다는 말씀이었습니다. 그러므로 아직 다가오지 않은 내일 때문에 오늘의 아름다움, 찬란한 아름다움을 누리지 못하고 사는 것은 너무 억울하지 않은가 하는 말씀이었습니다. 그리고 이어진 주님의 말씀은 여전히 앞으로 다가올 내일, 곧 "무엇을 먹을까 무엇을 마실까 몸을 위하여 무엇을 입을까"를 여전히 걱정하는 사람들을 보며 하시는 말씀이었습니다.

"그러므로 내일 일을 위하여 염려하지 말라 내일 일은 내일이 염려할 것이요 한 날의 괴로움은 그 날로 족하니라" (마6:34)

"무엇을 먹을까 무엇을 마실까 몸을 위하여 무엇을 입을까"가 내일의 문제라면 "한 날의 괴로움"은 오늘의 문제입니다. "한 날"은 이 문장의 대구인 "내일"과 대조되어 그 의미가 '오늘'을 말하고 있음을 문맥상 알 수 있습니다. 그러므로 "한 날의 괴로움"은 '오늘의 괴로움'이라고 해도 틀리지 않습니다.

그렇다면 '오늘'은 괴로운 날입니까? '오늘'은 빨리 지나 보낼 괴로운 시간입니까?

사실 '오늘'은 찬란한 날입니다. 주님이 말씀하신 것처럼 솔로몬이 입은 옷보다 더 아름다운 들꽃의 오늘이기 때문입니다. 그들의 오늘은 '찬란하다, 아름답다'고 표현해야 분명 옳습니다. 내일은 주님의 말씀처럼 "아궁이에 던져지는" 날이기 때문입니다. 그러므로 오늘이 아름다운 것입니다.

그렇다면 왜 우리는 오늘을 괴로운 시간처럼 생각합니까? 좀 더 자세히 이 본문을 읽어보면 "한 날의 괴로움"으로 번역된 단어 '카키아'는 '악함, 고난'으로 쓰여지지만, 동시에 '무가치함이나 약함'이란 의미로도 쓰여집니다. 이 글의 문맥에서는 "한 날의 괴로움"보다 '오늘은 무가치하다'로 해석하는 것이 옳습니다.

주님이 하신 전체 말씀의 문맥을 볼 때 우리가 생각하는 '오늘'은 무료하고 무가치해 보입니다. '오늘'은 마치 너무 많이 들판에 흐드러지게 핀 들꽃 같기 때문입니다. 흔하기 때문입니다. 그래서 무가치하게 여깁니다. 하지만 생각해 보십시오. 90살 된 노인은 어떤 모습과 관계없이 17살 먹은 아이를 아름답다 말할 것입니다. 왜냐하면 흐드러지게 피어 흔할지라도 아름답기 때문입니다.

조금만 편견을 내려놓으면 들에 핀 들꽃은 아무리 많아도 무조건 아름답습니다. 아무리 많아도 무가치하거나 무료한 것이 아닙니다. 아름답습니다. 화려하고 찬란합니다. 그렇지 않습니까?

오히려 내일이 더 비참합니다. 주님이 표현했듯이 "내일 아궁이에 던져질 들풀"이기에 그렇습니다. 그래서 오늘이 찬란한 것입니다. 본문을 다시 읽겠습니다.

"그러므로 내일 일을 위하여 염려하지 말라 내일 일은 내 일이 염려할 것이요 한 날의 괴로움은 그 날로 족하니라"

(마6:34)

"한 날의 괴로움은 그 날로 족하니라." '족하다'로 번역
된 헬라어 '알케토스'는 '만족스러운, 충분한, 넉넉한'이란
의미를 갖고 있습니다. 그러니까 말 그대로 '만족스러운
것이다'로 번역해야 합니다. 이 같은 이해를 가지고 본문
을 다시 읽어보겠습니다.

"무가치하고 일상적으로 보이는 오늘은 사실 오늘로 매
우 만족스럽고 찬란한 날이다."(하정완역/마6:34)

교사의 대답

'지금, 오늘이 아름답다.' 우리 아이들에게 꼭 말해줘야
합니다. 그것을 나태주 시인이 쓴 '풀꽃'이 참 잘 표현하였
습니다.

'풀꽃'

자세히 보아야 예쁘다
오래 보아야 사랑스럽다
너도 그렇다

 나태주 시인을 인용하여 다시 써보았습니다. 시 '내게
너는 예쁘다' 입니다.

'내게 너는 예쁘다'

그저 예쁘다
너를 예쁘다고 말하지 않아도
너는 내게 예쁘다

누구의 동의도 필요없이
너를 내 눈에 두고
너를 내 마음에 두고

그저 예쁘다
나를 숨쉬게 하고
나를 노래하게 하고

너는 그저 예쁘다
너는 내게 예쁘다

교회는 다른 것을 가르쳐야 합니다. 우리마저 이 같은 세상을 좇아 갈 수는 없습니다. 현재를 희생하라고 강요하며 불확실한 미래만을 추구하게 할 수는 없습니다.

오늘을 사는 것, 오늘 아름다운 것, 오늘 사랑스러운 것은 오늘만 누릴 수 있기 때문입니다. 내일은 '아궁이에 던져질 들풀' 인생이기 때문입니다. 그러므로 세상은 내일을 위해 오늘을 희생하라고 가르치지만 우리는 오늘을 느끼고, 지금을 누리도록 가르쳐야 합니다. 보여줘야 합니다. 주님이 보여주신 것처럼 말입니다. 자, 이제 이렇게 말해 보십시오.

'애야, 지금이 매우 소중하단다.

지금 이 순간을 사랑하고 즐기렴.'

하정완목사 이야기

우리 아이들은 미래를 장밋빛 꿈으로 포장하고 현재를 희생시키는 삶의 구조에서 살고 있습니다. 그렇게 자신을 희생시키면서 아침 새벽부터 밤 늦게까지 집, 학교, 학원, 집으로 다닙니다. 아이들은 고단한 삶 때문에 찰나적이고 감각적이고 자극적인 것으로 위로를 받습니다.

미래가 보이지 않던 청소년 시절 나는 센 것들을 찾았습니다. 그것들은 나를 야금야금 파괴하는 것이었습니다. 어느 날 나는 괴물 같은 존재로 바뀐 나를 발견하였습니다. 이미 내면은 매우 극단적인 생각을 하고 있었고 그것에 걸맞게 나쁜 충동으로 가득 차 있었습니다.

> 미래가 보이지 않던 청소년 시절 나는 센 것들을 찾았습니다.

대학에 들어간 후에도 여전히 방황하였습니다. 그리고 낯 간지럽게 들릴지 모르지만 나는 그때 만난 여자 친구의 호감을 사기 위하여 시를 써서 편지로 보내기 시작했습니다. 사귀는 4년 동안 2천 통 정도의 편지를 시로 써서 보냈습니다.

이상한 일이 벌어졌습니다. 여전히 가난하고 궁핍하고 파괴된 괴물 같은 존재인 내가 조금씩 변화되기 시작한 것입니다. 가난하고 눈물 젖은 빵을 먹어도 시인은 행복하다는 것을 어렴풋이 알기 시작했습니다.

결국 시를 쓴다는 것은 현재를 즐기는 것이었습니다. 또한 그 시를 읽고 그 시 속으로 들어가기를 반복하면서 나는 현재를 살고 있었던 것입니다. 시는 미래를 말하는 것이 아니라 현재를 노래하는 것이기 때문입니다.

오늘의 위기 원인 중의 하나는 시인의 부재, 시가 사라졌기 때문일 것입니다. 더 이상 시인을 찾기가 힘들어졌습니다. 시인들이 사라지기 시작하였습니다. 우리 아이들이 이미 죽은 시를 배우고 이 세상 구조에 숨이 막혀 '죽은 시인'으로 자라났기 때문입니다.

이제 사람들은 시를 쓰지 않습니다. 가난하고 궁핍할 때, 절망적이며 모든 것이 무너질 때 사람들은 자극적인 것들을 찾습니다. 당연히 정신은 피폐해질 수밖에 없게 되었습니다.

> 이제 사람들은 시를 쓰지 않습니다. 가난하고 궁핍할 때, 절망적이며 모든 것이 무너질 때 사람들은 자극적인 것들을 찾습니다.

시를 쓰는 것은 현재의 아름다움을 노래하는 것입니다. 궁핍하더라도 아름다움을 찾게 하는 것입니다. 이미 국어 교과서에 등장하는 몇 편의 시로 우리 아이들의 삶을 규정하게 해서는 안 됩니다.

우리 아이들에게 시를 읽어주고 시를 쓰게 해주면 좋겠습니다. 궁핍한 시대를 살더라도 소망을 갖게 말입니다. 점점 그럴 수 없는 시대가 온 것 같지만 말입니다.

교사의 기도

주님,
어떤 아이는 궁핍 할지도 모르고
어떤 아이는 아픔을 가진 채 살 것입니다.

그런데 나에게는 아이들에게 나눠줄
충분한 돈이 없습니다.
아이들의 삶을 책임질만한 힘도 없습니다.
그러나 사랑할 수 있습니다.
깊이 사랑하도록 도와주옵소서.

주님,
나를 도와주옵소서.
먼저 내 안에 주의 영을 부어주시고
세상을 시인처럼 걸어갈 수 있는
꿈꾸는 마음을 주옵소서.
그래서 우리 아이들에게
시인의 마음을 가르치게 하옵소서.

이 세상을 살지만

저 세상을 소망하며

이 세상에 묶이지 않고

하나님 나라를 꿈꾸며

담대하게 살아가는 아이들로 이끌도록

우리에게 힘을 주옵소서.

궁핍하여도 시인처럼

노을을 보며 감동하며

비를 느끼며 오늘을 사는

다른 가치를 가진 아이들로 키울 수 있게

우리에게 은혜를 베푸시옵소서.

예수님의 이름으로 기도드립니다. 아멘.

* 교사의 다짐

어떤 다짐을 하게 되었는지 적어 보십시오.

교사십계명 2

07 좋아하니

Teacher's Ten Commandments 2

너는 무엇을 좋아하니?

이렇게 아이에게 물어봐 주십시오. '네가 좋아하는 것은 무엇이니? 무엇을 하면 행복하니?' 세상이 가르쳐주지 않는 그 아이의 은사, 하나님이 주신 것을 찾게 도와주셔야 합니다. 그때 아이는 지금 이 순간을 더 깊이 사랑할 수 있을 것입니다. 행복해질 것입니다. '너는 무엇을 좋아하니?'

물음

짧은 인생 사는 동안 사회나 세상이 원하는 규격에 맞춘

비개성적인 존재가 아니라 하나님이 창조하신 이유를 찾고 자기 자신으로 사는 아이들은 행복합니다. 교사는 아이들이 그렇게 자신을 찾고 살도록 도와주어야 합니다. 그렇지 않습니까?

영화에서 찾은 이야기 '빌리 엘리어트'

영화 '빌리 엘리어트'는 1984년 영국 철의 여인 대처 수상이 펼친 경직된 경제정책, 특히 광산 구조조정의 여파로 탄광노동조합이 파업시위를 하던 시기를 배경으로 하고 있습니다. 주인공 빌리(제이미 벨)의 아버지(게리 루이스)와 형(제이미 드레이븐)은 그 파업에 깊이 참여하고 있었습니다. 그리고 빌리의 어머니는 38살에 돌아가셨고 할머니는 치매를 앓고 있는 상황이었습니다.

광산 구조조정의 여파로 탄광노동조합이 파업시위를 하던 시기를 배경으로 하고 있습니다.

이런 형편이었지만 아버지는 아들 빌리에 대한 뜨거운

기대를 놓치 않았습니다. 아버지는 혼란한 시대를 살지만 빌리가 튼튼하고 용감하며 사내답게 자라기를 원하였습니다. 그래서 형편이 어렵지만 권투 도장에 보냈습니다. 하지만 빌리에게 권투는 행복한 것이 아니었습니다. 오히려 어머니가 돌아가시면서 남겨 놓은 피아노 치는 것을 좋아하고 혼자만의 춤 추기를 좋아하였습니다.

어느 날 파업 때문에 연습실 장소를 구할 수 없었던 윌킨슨 부인이 발레 수업을 위해 복싱 체육관 한 구석을 빌리게 되었습니다. 권투 연습을 하던 빌리는 권투보다 발레에 끌립니다. 혼자 샌드백을 치다가도 발레 음악이 들리면 자신도 모르게 권투가 아니라 발레 하듯이 샌드백을 쳤습니다. 결국 빌리는 아버지가 주시는 권투 교습비를 발레 강습비로 내고, 아버지 몰래 발레를 배우기 시작합니다.

이상하게도 빌리는 춤만 추면 행복하였습니다. 집안 사정이 힘들고 여러 가지 면에서 고통스러운 상황이었지만 춤은 그를 행복하게 만들었습니다. 빌리의 선생님은 그런 빌리의 모습 속에서 엄청난 가능성을 발견합니다. 급기야 영국에 있는 왕립발레학교 입학을 위한 오디션을 추진하며 빌리를 훈련시킵니다.

하지만 이 사실을 알게 된 아버지가 빌리를 가만히 놔두지 않았습니다. 아버지는 이 모든 것이 어머니의 피아노에서 시작된 것이라 생각하고 부숴버립니다. 그리고 더 이상 발레를 배우는 것을 허용하지 않으셨습니다. 그래도 빌리를 막을 수 없었습니다.

파업이 더 심해지면서 우울했던 성탄절 날, 아버지가 체육관을 찾아갔었는데 춤을 추고 있는 아들 빌리를 봅니다. 그런데 그 모습이 너무 아름다워 보였습니다. 무엇보다 행복하게 자신 앞에서 춤을 추고 있는 그 모습이 좋았습니다.

그때부터 아버지는 마음을 바꾸고 아들을 후원하기로 결정합니다. 그래서 아버지는 친구들을 배신하는 것이었지만 파업을 탈퇴합니다. 그 같은 결정은 그동안 살아왔던 자신의 삶에 대한 모독과 같은 것이었지만, 아들을 사랑하는 아버지는 그 모독을 받아들인 것입니다. 오로지 아들의 런던 오디션 경비를 마련하기 위해서였습니다. 자신 앞에서 추는 빌리의 행복한 춤을 잊을 수가 없었던 것입니다.

드디어 빌리가 왕립예술학교에서 오디션을 받을 때였습니다. 빌리가 춘 춤은 고전적인 것이 아니었습니다. 마치 몸부림 같은 이상한 춤이었습니다. 심사위원들이 당황한 것은 당연했습니다. 그런데 그런 심사위원들 앞에 선 빌리는 화가 났습니다. 자신의 춤이 평가받는 것이 싫었던 것입니다. 자신이 추고 있는 춤은 자신 자체였기 때문입니다.

빌리의 춤은 만들어진 것이 아니라 자기 표현이었습니다. 마치 새의 노래나 유영처럼 말입니다. 그 같은 분위기

> 빌리의 춤은 만들어진 것이 아니라 자기 표현이었습니다.

를 감지한 심사위원들 중의 한 사람이 질문을 하였을 때입니다.

'네가 춤을 출 때 어떤 기분이니?'

'모르겠어요. 그냥 기분이 좋아요. 조금 어색하기도 하지만 한번 시작하면 모든 걸 잊게 되고... 그리고 사라져 버려요. 사라져 버리는 것 같아요. 내 몸 전체가 변하는 기분이죠. 마치 몸에 불이라도 붙은 느낌이에요. 전 그저 한 마리의 나는 새가 되죠. 마치 전기처럼... 네, 전기처럼요.'

> 빌리의 춤, 그가 보여준 것은 표현이 불가능한 에너지, 힘이었습니다.

빌리의 춤, 그가 보여준 것은 표현이 불가능한 에너지, 힘이었습니다. 심사위원들 눈에도 그것이 보였습니다. 분명히 이상한 춤이었지만 감동이 되었습니다. 빌리가 춤을 추고 싶어하는 것은 인위적인 것이 아니라 매우 자연적이고 태생적인 것이었던 것입니다.

성경이 말하는 대답

'자연적이고 태생적인 것?' 하나님은 각 사람에게 무엇인가를 주신 것이 있습니다. '은사'라고 번역된 "은총의 선물"입니다.

> "은총의 선물은 여러가지이지만 그것을 주시는 분은 같은 성령이십니다... 이 모든 것은 같은 성령께서 하시는 일입니다. 성령께서는 이렇게 당신이 원하시는 대로 각 사람에게 각각 다른 은총의 선물을 나누어 주십니다."(공동번역/고전 12:4,11)

그러므로 이 시대의 문제는 하나님이 주신 태생적인 것을 거부하고 모든 사람을 획일화 시키려는 것입니다. 세상은 모두를 똑같게 만들려고 시도합니다.

자세히 살펴보면 어느 누구도 자기 개성에 맞게 다르게 되는 것을 세상은 원치 않습니다. 모든 교육은 평균에 맞춥니다. 자연스럽게 모든 사람들은 한 종류의 사람이 됩니다. 그래야 서열을 매기기 쉽기 때문입니다. 일등에서 꼴찌까지 배열하는 것은 한 가지 기준에서만 가능하기 때문입니다. 그때부터 우리 아이들은 불행해졌고 우리는 자신을 잃을 가능성에 노출되고만 것입니다.

분명히 우리 주님이 이 세상에 오셨을 때 그분의 기준은 세상의 기준이 아니었습니다. 그가 모든 사람을 사랑하고 심지어 죄인과 세리의 친구가 될 수 있었던 것은 그들을 규정하는 세상의 평가가 아니라 그 사람을 그대로 봤기 때문입니다.

교사의 대답

뱁새와 황새가 있었습니다. 뱁새가 볼 때 황새는 너무 우아하고 아름다워 보였습니다. 뱁새는 자신의 다리를 벌려 황새처럼 우아한 다리를 만들려고 시도하였습니다. 그런데 아무리 노력해도 뱁새는 황새의 다리를 가질 수 없었습니다. 그래도 뱁새는 계속 황새처럼 긴 다리를 가지

려고 계속 다리를 벌리고 찢는 것을 시도했습니다. 그러
면 그럴수록 더욱 비참해졌습니다. 결코 뱁새는 황새의
다리를 가질 수 없고, 될 수 없기 때문이었습니다.

　세상이 말하는 우등생, 획일화, 성공의 기준은 모두 황
새가 되라는 유혹입니다. 그래서
우리 아이들은 가능한 자신의 얼
굴을 뜯어 고치고, 속이는 굽 높
이 신발을 신는 등 수없이 시도
합니다. 그래도 고칠 수 없습니
다. 그래도 얻을 수 없습니다. 그래서 우리 아이들은 비참
하고 불행한 것입니다.

> 아이들은 가능한 자신의 얼굴을 뜯어 고치고, 속이는 굽 높이 신발을 신는 등 수없이 시도합니다. 그래도 고칠 수 없습니다.

　진정한 행복은 무엇입니까? 공부를 잘해서 대학을 가고
좋은 직장을 가는 것입니까? 그렇지 않습니다. 행복은 하
나님이 우리에게 주신 삶을 좇아서 사는 것입니다. 그러므
로 내가 잘하는 것, 내가 좋아하는 것... 그것들이 무엇인
지를 찾는 것이 중요합니다. 꽉 눌려 있던 잘못된 교육의
습관과 굴레에서 벗어나 나를 찾는 것이 중요한 것입니다.

영화는 빌리 엘리어트의 성공으로 이야기가 끝납니다. 사실 그렇지 않아도 행복하지만 말입니다. 빌리는 자신을 찾고 자신으로 살았기 때문입니다. 그런 모습을 보는 아버지는 얼마나 행복했겠습니까?

이 세상을 사는 방법의 정답은 존재하지 않습니다. 그런데 그 정답이라는 것도 세속적 세계관에 의해 만들어진 매우 진화론적인 관점의 답입니다. '이기는 것이 행복한 것'이라는 가르침입니다. 우리는 그 세상의 가르침에 순응할 수 없습니다. 우리는 하나님에게 속한 교사이기 때문입니다.

사실 우리는 세상의 기준에 맞지 않아도 얼마든지 행복한 삶을 살 수 있습니다. 하나님이 그렇게 만들었기 때문입니다. 그러므로 우리 아이들을 만날 때 이렇게 물어봐 주십시오.

'너는 무엇을 좋아하니?'

그리고 그 아이가 좋아하는 이유가 무엇인지 물어보고 그 이야기를 들어주십시오. 교사는 그렇게 들어주는 일을 해야 합니다. 그리고 박수치고 함께 열광해 주십시오. 우리 아이들이 평생 살아갈 수 있는 힘을 찾게 될 것입니다.

하정완목사 이야기

처음 교회를 시작할 때 우리는 다른 교회를 빌려 주일 저녁 5시에 예배를 드렸습니다. 교인 수가 10여명 되던 시절이었습니다. 그때 교복을 입은 채로 멀리 파주에서 종로까지 나오던 고등학생 여자 아이가 있었습니다.

교회는 처음부터 스킷 드라마를 사용한 열린예배를 드렸습니다. 마땅한 배우가 없던 시절이라 할 수 있는 사람을 다 사용했는데 그 중에 그 아이도 있었습니다. 물론 그 아이의 배역은 조연이었지만 참 열심히 하였습니다.

그 후 그 아이는 고등학교를 졸업한 후 대학교 연극영화

과로 진학하였습니다. 그리고 연극배우의 길로 들어섰습니다. 그리고 배우가 됩니다. 여러 작품에 참여한 좋은 배우로 활동하였습니다. 지금은 결혼하고 아이를 갖고 살지만 여전히 배우로 살고 있습니다. 결혼 생활의 아픔이 있었지만 꿋꿋이 사는 좋은 배우가 되었습니다.

예전에 그 아이를 만나면, 아니 오랜시간 동안 저는 그 아이를 안아주며 이렇게 말했습니다.

`너는 너로 참 아름답다.`

이제는 아줌마가 된 아이지만 그녀에게 연극은 사는 이유를 제공하였습니다. 연극을 통하여 자신을 찾은 것입니다.

교사의 기도

하나님은 우리를 지으셨습니다.
다르고 개성 있게 지으셨지만

누군가를 더 우월하게 짓지 않은 것을
잘 알고 있습니다.

그런데 사람들이 구분하였습니다.
물질적인 것을 기준으로
우월한 자와 열등한 자를 구분하도록
사람들이 규정지었습니다.

회개합니다.
조금이라도 그런 규정을 좇았던 것을
진심으로 회개합니다.

주님,
우리 아이들이 정말 좋아하는 것
하나님이 주신 은사를 찾아줄 수 있도록
우리 눈을 열어주시길 기도합니다,

그래서 우리 아이들이
하나님이 지으신 이 세상에서 존귀하게 살며

다르지만 특별하게 살도록 돕기를 원합니다.

세상을 좇지 않고
하나님의 방법을 좇도록
주님, 우리에게 은혜를 베푸시옵소서.

예수님의 이름으로 기도드립니다. 아멘.

* 교사의 다짐
어떤 다짐을 하게 되었는지 적어 보십시오.

하나님을 잊지 마

흔히 놓치는 것, 언제나 무엇보다 우선순위로 위치해야 하는 것을 반드시 가르쳐야 합니다. 바로 하나님을 잊지 않고 사랑하는 것입니다. 하나님을 예배하는 것입니다. 하나님의 예배자로 사는 것은 모든 것들의 우선순위임을 가르치셔야 합니다. 나도 그렇게 살고 말입니다. '하나님을 잊지 마.'

물음

마치 경주와 같은 세상을 살다보면 가장 중요한 것을 놓치기 쉽습니다. 당장 눈 앞에 보이는 것을 좇아가기 때문입니다. 이처럼 뭔가 모호한 세상에서 크리스천과 하나님 없이 사는 사람과의 차이도 사라집니다. 우선순위를 놓쳤기 때문입니다. 그렇다면 절대로 놓치지 말아야 할 우선순위는 무엇입니까?

영화에서 찾은 이야기 '불의 전차'

영화 '불의 전차'는 1924년 파리 올림픽 400m 경기에서 금메달을 딴 에릭 리델의 실화를 영화화한 것입니다.

영화의 주인공은 영국과 스코틀랜드의 두 육상선수 에릭 리델(이안 찰슨)과 해럴드 에이브라함(벤 크로스)입니다. 두 사람은 100m 경주의 라이벌 관계였습니다. 에릭 리델은 크리스천이었고 해럴드 에이브라함은 자신이 중심이 되어 사는 세상 사람이었습니다.

해럴드 에이브라함, 그는 고리대금업으로 성공한 유대

인을 아버지로 둔 유대계 영국인이었습니다. 그래서 그는 어릴 때부터 자신에게 지워진 유대인이라는 편견과 굴욕, 좌절감과 냉대를 겪으면서 살아야 했습니다. 그것이 운동을 열심히 하는 이유였습니다. 늘 이방인 같은 세상에서 무시당하지 않고 사는 방법은 탁월한 존재, 이기는 존재가 되는 것이라고 생각했던 것입니다. 그는 그것을 이루기 위해 몸부림쳤습니다.

그가 100m 경주에 목숨을 걸고 반드시 이기려 했던 이유도 그 같은 것 때문이었습니다. 그러므로 그가 올림픽에서 금메달을 따는 것은 인생을 걸만한 것이었습니다.

> 100m 경주에 목숨을 걸고 반드시 이기려 했던 이유도 그 같은 것 때문이었습니다.

그러나 100m 경기에서 우승하는 것은 힘들었습니다. 바로 라이벌 에릭 리델 때문이었습니다. 그에게 에릭은 거대한 산과 같았습니다. 에릭 리델은 해럴드에게 비참함을 가져다 주는 존재였습니다. 해럴드가 달리는 것은 이기기 위한 것이고 진다는 것은 달릴 이유가 존재하지 않는 것이었기 때문입니다.

이 같은 이유는 해럴드로 하여금 전심으로 훈련하게 하였습니다. 유일한 목적, 승리하기 위함이었습니다. 아마 추어리즘을 중요하게 여기던 1920년대였지만 해럴드는 프로 선수들이 하듯이 아랍게 이탈리아인 코치를 영입해서 올림픽을 준비했습니다. 지나치게 명예와 승리만을 추구한다는 소리를 들었지만 아랑곳하지 않았습니다. 그는 승리만이 모든 편견을 이기는 유일한 길이었다고 생각한 것입니다.

반면에 에릭 리델은 다른 가치관을 가진 사람이었습니다. 아버지를 따라 오랜시간 동안 중국에서 살았고 지금도 중국 선교에 비전을 갖고 있었던 에릭은 하나님의 나라와 영광을 위해 사는 것이 모든 가치의 전부였습니다. 에릭의 동생은 달리기 때문에 그 같은 다짐에 부정적인

> 중국 선교에 비전을 갖고 있었던 에릭은 하나님의 나라와 영광을 위해 사는 것이 모든 가치의 전부였습니다.

영향을 끼치지 않을까 걱정하였지만 에릭은 분명하였습

니다.

'주님은 내게 중국 선교의 사명을 주셨지. 하지만 내게 빨리 달리는 재능도 주셨어. 달리면서 주님의 영광을 생각해. 육상을 포기한다면 주님이 실망하실 거야. 물론 흥미 때문에 육상을 하는 건 아냐. 이기는 것이 주님께 영광을 돌리는 길이야.'

'달리면서 주님의 영광을 생각해.' 어려운 이야기입니다. 이 세상을 살지만 하나님 나라의 가치로 사는 것을 말하기 때문입니다. 하지만 쉽지 않습니다. 우리는 이 세상에 살고 있기 때문입니다. 그 동기가 무엇이든지간에 치열하게 달려서 승리한 사람이 존중받는 세상이기 때문입니다. 그래서 에릭의 이 말을 우리는 오해합니다.

'이기는 것이 주님께 영광을 돌리는 길이다.'

어느 사이엔가 우리도 지는 것보다 승리를 하나님이 기뻐하실 것이라고 생각합니다. 그런 까닭에 실패하거나 성공하지 못하면 하나님의 영광을 드러내는 것이 아니라는 오해를 합니다.

성경이 말하는 대답

우리가 세상에서 무엇을 이루어야만 하나님이 기뻐하시는 것으로 이해하지만 하나님은 하나님을 품은 우리만으로 만족하십니다. 그 마음을 품는 것만으로 하나님은 충분히 100% 영광을 받으십니다. 그래서 잠언 기자는 하나님을 높이는 것과(praise) 함께 마음에 품는(embrace) 것만으로 하나님께서 영광 받으신다고 말합니다.

> "그를 높이라 그리하면 그가 너를 높이 들리라 만일 그를 품으면 그가 너를 영화롭게 하리라"(잠4:8)

이것을 에릭은 알고 있었습니다. 세상의 어떤 성공이나 능력, 권세나 부요가 하나님을 만족시키고 영광 돌리는 것이 아니라는 것을 말입니다. 오로지 하나님은 우리가 하나님을 인정하고 하나님을 예배하는 것으로 충분하다는 사실을 말입니다.

이런 에릭에게 의외의 상황이 벌어집니다. 올림픽 100m 경기가 주일날로 잡힌 것입니다. 올림픽 100m 경기는 매우 중요합니다. 매주일 예배를 드릴 수 있는 것과 달리 올림픽 100m 경기는 4년에 한 번 옵니다. 뿐만 아니라 평생에 한 번 참여하게 될지도 모르는 엄청난 것입니다. 그러므로 에릭은 한 번 주일 예배를 빠지고 경기에 참여하는 것이 옳았습니다.

그런데 에릭은 하나님께 예배하는 안식일을 지켜야 해서 단호하게 올림픽 출전을 포기하였습니다. 나라가 요청하였고, 충분히 명분도 있었

> 하나님께 예배하는 안식일을 지켜야 해서 단호하게 올림픽 출전을 포기하였습니다.

지만 조금도 흔들림이 없었습니다. 에릭은 100m 예선 경기가 벌어지던 파리 올림픽 그 시간에 교회에서 예배를 드렸습니다.

얼마든지 한 번은 예배를 포기할 수도 있다고 생각하는 우리에게, 그리고 그 당시 수많은 사람들에게는 놀라운 충격이었습니다. 하지만 에릭은 머뭇거림이 없었습니다.

비록 그가 '이기는 것이 주님께 영광을 돌리는 길'이라고 생각했지만 예배보다 우선될 수는 없었습니다. 예배는 그가 존재하는 이유였습니다. 에릭이 포기한 경기시간에 드려진 예배시간에 그가 읽은 말씀이 그 진리를 말하고 있었습니다.

"너희가 알지 못하였느냐 너희가 듣지 못하였느냐 태초부터 너희에게 전하지 아니하였느냐 땅의 기초가 창조될 때부터 너희가 깨닫지 못하였느냐 그는 땅 위 궁창에 앉으시나니 땅에 사는 사람들은 메뚜기 같으니라 그가 하늘을 차일 같이 펴셨으며 거주할 천막 같이 치셨고 귀인들을 폐하시며 세상의 사사들을 헛되게 하시나니 그들은 겨우 심기고 겨우 뿌려졌으며 그 줄기가 겨우 땅에 뿌리를 박자 곧 하나님이 입김을 부시니 그들은 말라 회오리바람에 불려 가는 초개 같도다 거룩하신 이가 이르시되 그런즉 너희가 나를 누구에게 비교하여 나를 그와 동등하게 하겠느냐 하시니라 너희는 눈을 높이 들어 누가 이 모든 것을 창조하였나 보라 주께서는 수효대로 만상을 이끌어 내시고 그들의 모든 이름을 부르시나니 그의 권세가 크고 그의 능력이 강하므로 하나도 빠짐이 없느니라"(사40:21-26)

지나쳐 보이지만 에릭은 알고 있었습니다. 하나님의 관심사는 금메달이 아니라는 사실 말입니다. 뿐만 아니라 어떤 명예와 영광을 하나님께 드릴 수 없어도 주일 예배만으로도 하나님께는 충분한 영광이 된다는 것을 말입니다. 옳습니다. 아무 것도 드릴 수 없어도 그 분을 품는 것만으로 영광이 됩니다.

교사의 대답

해럴드 에이브라함은 자신을 향한 편견을 극복하는 것과 개인적인 명예를 세우는 것이 경주의 목적이었지만 에릭 리델의 경주는 오로지 하나님의 영광을 드러내는 것이었습니다.

에릭이 출전을 포기하는 바람에 100m를 우승한 해럴드의 최선이 아름답지 않다는 뜻은 아닙니다.

물론 에릭이 출전을 포기하는 바람에 100m를 우승한 해럴드의 최선이 아름답지 않다는 뜻은 아닙니다. 모든 노력은 아름답습니다. 하지만 그것을 뛰어넘는 아름다움, 즉 세상이 말하는 성공을 넘어 더 큰 가치이신 하나님에게 집중하는 삶은 더 아름다운 것입니다.

더 놀라운 것이 있습니다. 하나님의 영광을 위해 전력질주 하는 자들에게 주어지는 하나님의 축복입니다. 피곤하지 않는 능력을 하나님이 주신다는 사실입니다. 에릭이 읽었던 이사야 말씀의 뒷 부분에 기록된 대로 말입니다.

"너는 알지 못하였느냐 듣지 못하였느냐 영원하신 하나님 여호와, 땅 끝까지 창조하신 자는 피곤하지 않으시며 곤비하지 않으시며 명철이 한이 없으시며 피곤한 자에게는 능력을 주시며 무능한 자에게는 힘을 더하시나니 소년이라도 피곤하며 곤비하며 장정이라도 넘어지며 쓰러지되 오직 여호와를 앙망하는 자는 새 힘을 얻으리니 독수리의 날개치며 올라감 같을 것이요 달음박질하여도 곤비하지 아니하겠고 걸어가도 피곤하지 아니하리로다"(사40:28-31)

우리 아이들에게 하나님의 영광을 위한 삶을 살아가도록 가르치십시오. 하나님은 우리 아이들에게 끝까지 달릴 수 있는 힘을 주실 것입니다. 피곤하지 않을 것입니다. 이 세상을 견딜 힘을 얻을 것입니다.

하나님의 영광을 위한 삶의 시작점에는 언제나 에릭이 드린 것 같은 예배가 있어야 합니다. 예배가 시작이기 때문입니다. 우리의 기독교 교육의 중심에 예배가 있어야 하는 이유입니다.

그러므로 좋은 교사가 되는 것의 시작은 온전한 예배자가 되는 것입니다. 예배에 목숨을 거는 교사, 전심으로 예배하는 교사, 비록 유치부든 어린이부든 최선을 다해 예배드리는 교사. 그것만으로 우리 아이들은 예배를 배우고 하나님을 배울 것입니다.

그러므로 우리 아이들이 늘 그 자리를 지키고 예배하고 있다면 안심하십시오. 그 아이들 때문이 아니라 하나님 때문입니다. 하나님이 예배하는 아이들을 지키고 인도하실 것이기 때문입니다.

'얘야, 예배를 잊지 말아야 한다.'

하정완목사 이야기

술중독자 아버지, 부모님의 별거, 가난, 그리고 열등감, 상대적 박탈감으로 인격이 형성되었던 나는 청소년기의 반항과 청년기의 우울함으로 지냈습니다. 39살에 혼란과 방황을 살던 아버지의 죽음처럼 내 미래가 보이는 듯 했습니다.

그런 가치를 지니고 살던 나는 대학교 3학년 때 지금의 아내를 만났습니다. 그녀는 나와 모든 것이 달랐습니다. 목사님의 딸이기도 했지만 반듯한 여자였습니다. 정직하고 바른 생각을 가진 크리스천이었습니다. 자유란 이름으로 마음대로 살고 우울하며 오만한 나와는 분명한 차별이 있었습니다.

늘 질문했습니다. 이 여자를 형성한 아름다움은 무엇에 기초한 것일까 하는 것입니다. 그런 질문을 던지면서 이 여자를 떠나지 않고 옆에 있었던 것은 그녀만이 이 위험하고 어두운 나를 살릴 수 있는 사람이라고 생각했기 때문이었습니다.

그러던 어느 날 놀라운 이야기를 들었습니다. 한 번도 중고등학교 시절 수학여행을 가지 않았다는 이야기였습니다. 의아했습니다. '가난해서 그런가? 학교가 그런 정책을 갖고 있었나?' 이런 저런 궁금증이 들었지만 놀랍게도 답은 주일 예배를 지키기 위해서였습니다. 보통 주일을 끼고 수학여행을 가는 학교 스케줄 때문에 주일을 지킬 수 없는 것이 이유였습니다. 충격이었습니다.

예배에 목숨을 거는 집안, 그 집안에서 자란 여자. 그녀가 어떤 태도로 살 것인지는 물어볼 것도 없었습니다. 하나님과의 관계가 어떤 모습인지도 물어볼 것도 없었습니다.

결혼한 지금 30년이 넘었지만 아내를 결정하는 것은 예배에 있었음을 확인합니다. 언제나 하나님을 예배하는 것이 삶의 목적인 것처럼 살고 있는 것을 봅니다. 그것은 나에게도 영향을 미쳤습니다. 어쩌면 형편없는 삶을 살며 끝났을지도 모르는 내 인생을 바꾸었습니다. 내가 그녀에게서 배운 것은 예배였습니다.

다른 것은 몰라도 우리 아이들이 예배에 전심을 다한 목적이 되도록 도와야 합니다. 예배할 때 아이들의 심장은 하나님으로 뛸 것이고 하나님이 아이들을 인도할 것이 틀림없기 때문입니다.

교사의 기도

하나님은 예배자를 찾으십니다.
예배할 때
우리가 회복되기 때문입니다.

그러므로 교사이기 전에
먼저 온전한 예배자가 되고 싶습니다.
하나님을 경외하는
온전한 예배자 교사가 될 수 있도록
주님, 도와주옵소서.

이처럼 온전한 예배자로 선 우리가
우리 아이들을 예배로 인도할 때
아이들의 예배도 회복되며
하나님을 깊이 만날 수 있도록
주님, 도와주옵소서.

언제나 예배를 통하여

우리와 아이들이 하나되게 하시고
평생 사는 동안 예배자가 되게 하옵소서.

어디에 있든지
하나님을 기억하고
하나님을 언제나 예배하는 아이들이 되도록
주님 인도하여 주옵소서.

예수님의 이름으로 기도드립니다. 아멘.

* 교사의 다짐

어떤 다짐을 하게 되었는지 적어 보십시오.

바보 같더라도
주님을 따라 가자

우선순위를 예배에 두는 삶을 세상은 어리석다고 말할
지도 모릅니다. 그러나 왜곡된 세상의 생각일 뿐입니다.
그러므로 세상이 혹시 비웃을지라도 두려워하지 말 것을
가르쳐야 합니다. 분명 자기 희생과 사랑의 삶을 살면 바
보라는 소리를 들을지도 모릅니다. 그때 조롱과 멸시를
받으며 십자가를 따르는 자의 아름다움을 말해줘야 합니
다. 바보 예수라고 세상이 조롱하던 그 길을 따라 가는 것
의 아름다움 말입니다. '바보 같더라도 주님을 따라 가자.'

물음

성경이 말하는 대로 예수를 좇아 살 때 세상이 말하는 삶의 방법과 충돌됩니다. 그리고 하나님의 방법을 고집할 때 바보처럼 보일 수 있습니다. '바보 크리스천'이라는 소리를 들을 지도 모릅니다. 그래도 우리는 이 길을 그대로 걸어가야 합니까? 잠시 동안 타협하면 안 됩니까?

영화에서 찾은 이야기 '아이 엠 샘'

> 스타벅스에서 시간당 8달러를 받고 일하며 사는 샘(숀 펜)은 지능이 일곱 살 수준의 지적 장애인입니다.

스타벅스에서 시간당 8달러를 받고 일하며 사는 샘(숀 펜)은 지능이 일곱 살 수준의 지적 장애인입니다. 그런 그가 우연히 알게 됐던 떠돌이 여인 레베카에게서 딸을 낳습니다. 하지만 기쁨은 잠깐이었습니다. 딸을 낳자마자 레베카는 도망쳐버렸고, 샘은 혼자서 딸 루시(다코타 패닝)를 키워야 한 것입니다.

레베카가 떠나는 그 곳 화면 가득히 '원 웨이'(one way)라고 쓰여진 교통 표지판이 보였는데, 샘은 루시만 생각하는 원 웨이적인 삶을 산다는 의미였습니다. 그것은 운명적인 것이었습니다.

하지만 하나도 슬프지 않았습니다. 오히려 딸 루시 때문에 샘의 삶은 더욱 풍성해졌습니다. 운명처럼 루시를 만난 것은 너무나 아름답고 환상적인 것, '기막힌 선택'(wonderful choice)이었습니다.

기막힌 선택, 하지만 처음부터 위기가 내재되어 있었습니다. 샘의 지능이 낮아 아이를 양육하는 것이 힘들다는 평가를 복지기관에서 내린 것입니다. 정부는 그에게서 루시 양육권을 가져가려 했습니다.

그리고 아버지 역할이 가능한지를 판단받기 위해 아버지 샘이 법정에 섰을 때였습니다. 샘을 위하여 옆집 피아노 선생인 커셀 부인이 이렇게 증언하였습니다.

'항상 걱정합니다. 걱정하는 이유는 아버지한테서 루시를 떼어가면 루시를 채워주는 사랑을 빼앗는 겁니다. 그럼 루시는 평생 빈 가슴을 채우려고 애쓰며 살아야 할 겁니다.'

세상 사람들은 샘이 양육할 수 있을까 의문을 제기하며 루시를 떼어 놓으려 했지만 커셀 부인의 말처럼 루시는 아버지의 사랑으로 살고 있었습니다. 루시는 아버지의 이 기막힌 사랑 속에서, 그 사랑의 깊은 바다에 잠겨서 살았습니다. 바보 같이 루시 자신 외에는 다른 것은 아무 것도 생각하지 못하는 아빠의 사랑 안에서 말입니다.

루시가 7살을 넘게 되었을 때였습니다. 루시는 일곱 살 지능의 아빠를 넘어서서 여덟 살이 되는 것을 거부하였습니다.

루시가 7살을 넘게 되었을 때였습니다. 루시는 일곱 살 지능의 아빠를 넘어서서 여덟 살이 되는 것을 거부하였습니다. 자신이 아버지보다 똑똑해지면, 아버지보다 지능이 높다는 것이 증명되면 사람들이 아버지에게서 자신을 빼앗아 갈 것을 알았기 때문입니다.

그때부터 루시는 읽을 수 있지만 아버지가 읽지 못하는 책은 읽기를 거부하였고, 아버지가 이해하지 못하는 이야기는 알지 않기로 결단합니다. 아버지처럼 아무런 편견도 없이 아버지를 무조건 사랑하는 원 웨이 사랑을 택한 것입니다. 바보가 되는 꿈을 꾸기 시작한 것입니다.

성경이 말하는 대답

가만히 생각하면 하나님의 사랑이 샘처럼 바보 같아 보입니다. 사실 하나님만큼 우리를 오래 참으시고 또 참으시는 분이 어디 계십니까? 자존심도 내세우지 않으시고 우리가 돌아올 때까지 무한정 기다리시는 바보 같은 분이 어디 계십니까?

"사랑하는 자들아 주께는 하루가 천 년 같고 천 년이 하루 같은 이 한 가지를 잊지 말라 주의 약속은 어떤 이들이 더디다고 생각하는 것 같이 더딘 것이 아니라 오직 주께서는 너희를 대하여 오래 참으사 아무도 멸망하지 아니하고

다 회개하기에 이르기를 원하시느니라"(벧후3:8-9)

이런 모습이 바보스럽지 않습니까? 급기야 자신의 아들까지 우리를 사랑하셔서 내어주셨습니다. 그리고 아들뿐 아니라 우리가 원하는 것들을 다 주시겠다고 말씀하시는 바보 같은 분이 바로 하나님이십니다. 그래서 바울은 이렇게 말합니다.

"우리 모든 사람을 위하여 당신의 아들까지 아낌없이 내어 주신 하나님께서 그 아들과 함께 무엇이든지 다 주시지 않겠습니까?"(공동번역/롬8:32)

하나님의 우리를 향한 사랑은 일방적인 원 웨이 사랑입니다. 하나님은 우리를 사랑하심으로 기뻐하시는 분이시기 때문입니다.

"사랑은 여기에 있으니, 곧 우리가 하나님을 사랑한 것이 아니라, 하나님께서 우리를 사랑하셔서, 당신의 아들을 보내 주시고, 우리의 죄를 속하여 주시려고, 속죄제물이 되게

해주신 것입니다. "(표준새번역/요일4:10)

이 사랑을 깨달은 제자들은 모두 바보처럼 살았습니다. 바울은 아예 그가 가지고 있던 모든 재물, 지식, 권력 등 모든 것을 배설물처럼 여겼습니다. 정확하게 말해서 바보가 되고 싶어진 것입니다. 하나님 보좌를 버리시고 이 땅에 종의 모습으로 오신 주님을 바라보면서, 즐겁게 우리를 위해 저주받아 죽으신 모습을 보면서 바보가 되고 싶어진 것입니다.

> 이 사랑을 깨달은 제자들은 모두 바보처럼 살았습니다. 바울은 아예 그가 가지고 있던 모든 재물, 지식, 권력등 모든 것을 배설물처럼 여겼습니다.

교사의 대답

우리를 한없이 무식하게 사랑하시는 하나님, 우리의 모든 것을 좋게 보시고, 우리의 회개의 눈물 앞에서 아무리 큰 잘못이라도 덮고 잊어버리시기를 취미로 삼으시는 하나님, 우리가 행복하고 아름다운 삶을 사는 것을 소원으로 여기시는 하나님, 그래서 우리가 행복해지기 위하여 당신은 불행을 선택하신 바보 같은 하나님!

그 분 앞에서 바보가 되는 꿈을 꾸는 것은 당연합니다. 하지만 우리는 너무 영리합니다. 바보가 되길 거절합니다. 주님은 우리를 위해 십자가 지시기를 기뻐하시고, 얼마든지 속아주시고 바보가 되길 자처하셨지만 우리는 그렇게 살려하지 않습니다. 바보가 되는 것은 상상도 못할 일이라고 생각합니다.

우리 아이들이 공부하는 교육 환경 역시 그렇습니다. '바보가 된다?' 말도 안 되는 이야기입니다. 세상은 바보가 아니라 무조건 이기는 것을 요구하고 강요합니다. 절대로 바보가 될 수도 없고 바보가 되어서도 안 된다고 가르칩니다. 복음이 흐려진 이유일 것입니다. 예수 그리스도는 하나님의 바보적 선택이기 때문입니다.

이미 오늘 이 시대의 교육으로는 소망이 없는 이유가 밝혀졌습니다. 무조건적인 사랑이 없습니다. 찾아보기 힘들

어졌습니다. 교회가 희망이어야 하는 이유입니다. 하지만
교회마저, 교회 교육마저 세상을 닮아 영리해지기 시작하
였고 목적을 이루기 위한 교육으로 흘러가고 있습니다.

　기억하십시오. 바보 같은 교사, 사랑하고 돌보며 진심으로 이해하는 바보 같은 교사를 만난 아이들은 예수 그리스도를 쉽게 이해할 것입니다. 그리고 이 세상의 가치가 아니라 하나님 나라의 가치를 추구하며 기꺼이 바보라는 소리를 들으면서 우리와 함께 주의 길을 좇아가려 할 것입니다.

　　'바보 같더라도 주님을 따라 가자.'

하정완목사 이야기

어린 시절 입에 담기에도 부끄러운 잘못을 범했을 때입

니다. 어머니는 그것을 알고 계셨는데 모른 척 하셨습니다. 그냥 지나치셨습니다. 바보 같으셨습니다.

초등학교를 졸업하고 중학교에 들어갈 때쯤 과외 선생님께 큰 잘못을 한 적이 있습니다. 그때 선생님이 모른 척 하셨습니다. 그냥 지나치셨습니다. 바보 같으셨습니다.

중고등학교 시절 나의 사춘기 방황 시절 어머니는 나의 모든 잘못과 방황을 알고 계셨습니다. 그렇게 늦게 싸돌아다니다 돌아온 나를 위하여 어머니는 저녁 밥상을 늘 준비해 두셨습니다. 밥 한 그릇은 식지 않고 따뜻하도록 아랫목에 두셨고, 밥상은 보자기로 덮어 두셨습니다. 아침도 그랬습니다. 이상하게 내가 잘못을 크게 한 날 어머니는 오히려 조용하셨습니다. 더 맛있는 음식을 준비하셨습니다. 바보 같으셨습니다.

대학시절에도 여전히 나는 정신 차리지 못하고 살았습니다.

대학시절에도 여전히 나는 정신 차리지 못하고 살았습니다. 어머니가 정말 힘들게 벌어 보내주신 학비와 생활비로 사는 나였지만 나는 조금이라도 더 생활비를 받으려 했습니다. 그때마다 어머니는 스스로 가난함을 택하시고 나를 부요하게 하셨습니다. 바보 같은 분이셨습니다.

사람 같은 사람이 되지 않았을지도 모를 하정완이란 존재가 지금 이 모양이라도 된 것은 바보 같은 어머니 때문입니다. 평생 오로지 하정완만을 위해 산 어머니 때문입니다. 무조건적인 사랑이었습니다.

> 평생 오로지 하정완만을 위해 산 어머니 때문입니다. 무조건적인 사랑이었습니다.

어머니 때문에 난 하나님의 무조건적인 사랑을 이해하는데 어려움이 없었습니다. 예수 그리스도를 믿는데 주저하지 않았습니다. 어머님의 바보 같은 사랑의 원본이 바로 하나님의 바보 같은 사랑이었기 때문입니다.

교사의 기도

바보 같으신 하나님
우리의 모든 죄를 대신하기 위해
외아들 예수를 세상에 보내시고
십자가에서 죽는 것을 바라보신 하나님
진심으로 감사드립니다.

얼마든지 바보가 되신 주님
아버지 하나님의 뜻을 따라
기꺼이 십자가를 지시고
못 박혀 죽으신 주님
진심으로 감사드립니다.

우리도 주님을 따라
진짜 바보가 되고 싶습니다.
우리 아이들을 위해 희생하고
끝없이 사랑하는
바보 교사가 되고 싶습니다.

언젠가 우리 아이들도
우리 모습 따라 함께
바보 행렬에 서는 것을 꿈꿀 수 있게
아이들을 사랑하며 살겠습니다.

정말 주님처럼
바보가 되고 싶습니다.
예수님 이름으로 기도드립니다. 아멘.

* 교사의 다짐

어떤 다짐을 하게 되었는지 적어 보십시오.

네가 하나님의 **희망이다**

이 부조리하고 고통이 깊은 세상인 까닭에 진정한 하나님의 교사가 필요합니다. 이 세상의 가치를 뛰어넘어 아이들을 자유하고 행복하게 하는 선생님 말입니다. 세상이 감당할 수 없는 아름다운 교사 말입니다. 어두운 세상에 빛을 보여주는 교사 말입니다. 분명 우리 선생님들이 가르친 이 아이들이 세상의 빛이 될 것입니다. 그러므로 우리 아이들에게 꼭 이 말을 하셔야 합니다. '네가 하나님의 희망이다.'

물음

언제나 세상이 변화되는 곳에는 아름다운 사람들이 있었습니다. 대부분 맑은 영혼의 청년들이 있었습니다. 우리 아이들을 바라보며 우리가 꾸는 꿈입니다. 하나님이 이루실 꿈입니다. '주님, 그런 계획을 갖고 계시죠?'

영화에서 찾은 이야기 '레미제라블'

레미제라블, 빅톨 위고가 '비참한 사람들'이라고 이름을 붙인 이야기의 배경이 되는 그 시대는 모두가 비참했습니다. 비참함이 화두였습니다.

굶주린 조카들을 위해 고작 빵 한 조각을 훔친 장발장 (휴 잭맨)은 19년 동안이나 감옥 생활을 해야 했습니다. 말할 수 없는 잔인함, 비참함의 극치였습니다.

그 비참함이 보이는 또 한 사람은 앤 해서웨이가 연기한

판틴입니다. 가난은 그녀의 뼛속까지 스며들어 있었습니다. 사랑하는 어린 딸 코제트와 떨어져 있지만 열심히 일하고 모든 돈을 딸의 생활비로 보내며 근근히 살고 있었습니다. 그런데 그녀가 누명을 쓰고 공장에서 해고 당하면서 만난 가난의 비참함은 견딜 수 없는 것이었습니다. 딸에게 생활비를 보내기 위해 머리카락과 생 이빨을 뽑아 팔아야 했고 결국에는 몸을 팔아도 생존할 수 없는 비참함, 결국 비참함이라는 이름의 병으로 죽습니다.

판틴의 딸, 코제트는 태어나면서부터 비참함의 이름을 지닌 것이나 다름 없었습니다. 혹독한 수전노 포주의 집에서 몸종 같은 삶과 어

> 판틴의 딸, 코제트는 태어나면서부터 비참함의 이름을 지닌 것이나 다름 없었습니다.

머니의 죽음, 그녀 역시 어머니 판틴과 같은 삶이 예정되어 있었습니다. 비참함이라는 이름의 아이였습니다.

비참함은 그 당시 모든 백성들에게 있었습니다. 폭정 때문에 그러했지만 바리케이트를 치고 혁명하는 청년들을 바라보면서 창문을 닫고 외면해야 했기 때문입니다. 원래

약하고 평범한 시민들, 아무런 반응도 할 수 없는 그들의 착함을 비겁함, 이기적인 존재라는 이름을 붙여 평생을 살게 한 시대가 비참함의 시대였습니다.

비참함, 그것은 구조적인 불의에서부터 흘러나왔습니다. 왕정 정치의 상징인 왕 루이 16세와 왕비 마리 앙뜨와네트를 거대한 단두대에서 처형함으로 1789년 프랑스 대혁명은 성공합니다.

> 왕정 정치의 상징인 왕 루이 16세와 왕비 마리 앙뜨와네트를 거대한 단두대에서 처형함으로 1789년 프랑스 대혁명은 성공합니다.

하지만 10년 후인 1799년 나폴레옹의 군사정치로, 급기야 1815년에는 루이 18세와 샤를 10세가 집권하는 왕정복고시대로 이어집니다. 그래서 일으킨 1830년의 7월 혁명으로 루이 필립은 입헌군주정 시대로 이끌지만 여전히 노동자와 일반 백성들의 삶은 나아지지도 변화되지도 않았습니다. 더욱이 흉작에 식량난, 그리고 1832년 봄 전 유럽에 창궐했던 콜레라로 인해 많은 사람이 죽으면서 더 흉흉해졌습니다.

시대의 비참함. 빅톨 위고는 '단테가 신곡으로 지옥을

그려냈다면 나는 현실을 가지고 지옥을 만들어 내고자 했다'고 말함으로 그 시대를 규정했습니다.

그 시대의 비참함 앞에서 청년들은 자유주의 정치인이었던 장 막시밀리앙 라마르크가 6월 1일에 사망하자, 그것을 계기로 1832년 6월 5일부터 6월 6일까지 파리에서 항쟁을 일으킵니다. 청년들이 살아있었습니다.

그 청년들은 6월 5일 라마르크 장군의 시민 장례식 날 장례 행렬을 바스티유 광장으로 이끌면서 거사를 일으켰고 파리 중심부인 생 마르텡 길과 생 드니 길의 좁은 부분에 바리케이드를 쌓습니다. 하지만 하루 만인 6월 6일 2만 5천명의 정규군을 투입한 무력에 의해 완전 진압 당하고 죽임을 당합니다.

어떻게 보면 불쌍하고 비참합니다. 시민들은 반응하지 않았고, 그들이 쌓아 놓은 바리케이트에 그들은 고립되어 죽음을 맞이했기 때문입니다. 더 비참한 것은 그들의 죽음만이 아니라 문을 닫는 사람들의 외면과 무관심 때문이었습니다.

그 청년들은 바리케이트를 넘어 오는 군대의 총과 대포를 감당할 수 없었습니다. 그들의 항거는 무모한 것이었습니다. 그들은 죽을 것을 알았지만 멈추지 않았습니다. 결국 모두 장렬하게 죽습니다.

그들은 비참해 보였습니다. 그렇습니까? 정말 비참한 것입니까?

성경이 말하는 대답

일본 후쿠오카 형무소에서 생체실험으로 차가운 바닥에서 죽은 윤동주의 죽음은 비참한 죽음입니까? 천안에서 태어나 예수를 믿던 유관순, 1915년 선교사의 권면을 따라 이화학당을 다녔고, 만세운동을 하다가 체포당한 후 옥사한 그녀의 죽음은 비참한 죽음입니까? 1885년에 선교사로 온 아펜젤러, 1902년 6월 11일 전남 목포에서 모이는 성서번역출판위원회에 참석차 인천에서 목포로 가던 중 배 침몰사고로 죽은 것은 비참한 죽음입니까? 예수의 제자들, 십자가에 매달려 죽고, 창에 찔려, 화살에 맞아 죽고 바울은 목이 잘려 죽었는데, 그들의 죽음도 비참한 죽음입니까? 성경에도 그 같이 비참해 보이는 삶에 대한 기록이 있습니다.

"또 어떤 이들은 조롱과 채찍질뿐 아니라 결박과 옥에 갇히는 시련도 받았으며 돌로 치는 것과 톱으로 켜는 것과 시험과 칼로 죽임을 당하고 양과 염소의 가죽을 입고 유리하여 궁핍과 환난과 학대를 받았으니"(히11:36-37)

이들 역시 비참한 삶을 산 것입니까? 분명히 이들의 결말은 죽음이었고, 고통이었습니다. 분명 비참한 모습이지만 이것을 비참하다고 말하지 않습니다. 오히려 성경에는 이렇게 풋 노트가 달려 있습니다.

"이런 사람은 세상이 감당하지 못하느니라"(히11:38)

이들은 비참한 것이 아닙니다. 오히려 세상은 이들을 담을만한 그릇이 되지 못했다고 성경은 말할 뿐입니다.

영화 레미제라블에서 그 청년들이 '십자군의 길에 동참할텐가?' (Will you join in our crusade?)라고 외치며 바리케이드를 치고 군대와 대치할 때의 모습은 거룩했습니다. 왜 그렇습니까? 이들 때문에 세상에 희망이 생기고 다시 살아갈 용기가 생겼기 때문입니다.

교사의 대답

그 처참한 죽음의 자리에 자베르 경감이 나타났을 때입니다. 그는 자신의 자랑이었던 훈장을 떼어 주검이 된 거지 아이 가브로쉬의 가슴에 달아줍니다. 왜 그런 것입니까? 자베르 경감은 그 청년들의 주검을 바라보다가 부끄러움을 느낀 것입니다.

이 엄청난 역사의 현장에서 자베르의 관심은 빵 한 조각을 훔친 장발장을 찾는 일이었기 때문입니다. 그런 자신이 부끄러웠던 것입니다. 거대한 불의가 횡횡한 세상에서 좀도둑 하나 찾아다니는 자신의 정의가 초라해 보였던 것입니다. 그 엄청난 불의와 부조리 앞에서 고작 빵 한 조각을 훔친 것을 불의라고 말하는 것은 뭔가 모순되어 보였던 것입니다. 결국 그가 스스로 자살을 택한 이유였습니다.

장발장 그도 부끄러웠습니다. 자신이 드러나 잡히는 것이 부끄러워 도망쳐 돌아다닌 세월 때문이었습니다. 그런데 자신 앞에서 죽어간 청년들을 보면서, 딸 같은 코제트,

> 장발장 그도 부끄러웠습니다. 자신이 드러나 잡히는 것이 부끄러워 도망쳐 돌아다닌 세월 때문이었습니다.

그리고 코제트가 사랑하는 맑은 혁명 청년 마리우스를 보면서 부끄러웠습니다.

그래서 장발장은 분명히 그동안 키워준 것만 가지고도 충분히 아버지 자격이 있었지만 코제트의 결혼식에 가지 않은 채 조용히 수도원에서 죽음을 맞이하려 했던 것입니다.

이처럼 자베르 경감과 장발장이 부끄러웠던 이유는 바로 순결하게 살았던 청년들 때문입니다. 그들의 죽음은 비참한 죽음이 아니었던 것입니다. 그러므로 시대가 아름다운 것은 순결하고 정직한 아름다운 청년이 살아있을 때입니다. 그들의 무모함을 바라보면서 부끄러움, 염치를 느낄 수 있기 때문입니다. 그러니까 청년은 염치있게 만드는 사람들입니다.

우리 민족, 조선 이후 청년 선교사들부터 독립운동의 민족 운동가들, 그리고 근현대사를 거쳐 오며 가난하고 힘들지만 의를 지키고 독재에 항거하며 걸어온 나라, 민주주의를 이끌기 위해 죽고 희생 당한 청년들, 그들이 있기에 우린 염치가 생기는 것입니다. 자랑스러운 것입니다.

그렇다면 오늘 이 시대의 비극은 우리보다 청년, 아니 우리 아이들이 더 빨리 썩어가는 것입니다. 희망이 사라져가고 있는 것입니다. 그러므로 아이들을 향해 민족을 향한 꿈, 사회를 향한 꿈을 꾸게 하셔야 합니다. 역사 의식을 가진 아이들로 자라게 해야 합니다.

잊지 마십시오. 교사들은 이 세상 가치에 매몰되는 아이들을 바라보며 그저 세상에 동조하며 살게 하는 교육이 아니라 하나님의 꿈을 가진 아이들로 자라기를 기도하는 사람입니다.

나는 늘 그런 마음으로 아이들을 만납니다. 지금도 매주일 나는 예배 전 아이들을 만나 안수하며 기도합니다. 기도할 때마다 저의 마지막 기도 문장은 이렇습니다.

'네가 하나님의 희망이다. 잊지 말아야 한다.'

하정완목사 이야기

어린 시절 경험한 술중독자 아버지의 죽음은 꿈을 상실케 하였습니다. 근근이 살아가기에 바쁜 어머니를 보면서도 희망은 보이지 않았습니다. 미래를 생각하는 것은 두려움이었습니다. 아버지의 길을 반복할지 모른다는 생각이 지배하였습니다. 그런 까닭에 그저 하루하루 사는 것이 전부였습니다.

이 같은 삶을 살던 내가 앞에서도 이야기 했듯이 고등학교 2학년 여름 수련회에서 주님을 만나며 변화하였습니다. 물론 성적이 오른 것도 아니었고 집안 형편이 좋아진 것도 아니었습니다. 하나님이 나를 사랑하신다는 놀라운 경험과 함께 매우 중요한 것을 내 안에 불어넣으셨는데 그것은 비전이었습니다. 꿈이었습니다. 당장 구체적인 것은 아니었지만 미래에 대한 소망이 생겼습니다.

성령의 역사였습니다. 하나님의 성령이 임할 때 벌어지는 놀라운 것은 꿈의 생성, 비전의 생성이기 때문입니다. 요엘 선지자가 말한 것처럼 말입니다.

"하나님이 말씀하시기를 말세에 내가 내 영을 모든 육체에 부어 주리니 너희의 자녀들은 예언할 것이요 너희의 젊은 이들은 환상을 보고 너희의 늙은이들은 꿈을 꾸리라"(행 2:17)

그것이 나를 살게 하는 힘이 되었습니다. 그리고 점차 시간이 지나가면서 그 꿈은 분명해져갔습니다. 미국 유학 시절이었습니다. 새벽에 기도할 때 하나님이 선명하게 저에게 사명을 주셨습니다.

'조국의 잃어버린 청년들을 회복하라.'

부르심이었습니다. 1992년 그때부터 지금까지 간혹 흔들리기도 했지만 포기 하지 않고 걸어가는 이유가 되었습니다. 여전히 청년들을 바라보며 설교하고 있는 나의 꿈은 70살이 되고 80살, 90살이 되어도 여전히 청년들 앞에서 청년들을 살리는 꿈을 말하는 목사로 서는 것이 되었습니다.

오늘도 청소년들과 청년들에게 말씀을 전할 때 하나님의 역사를 경험합니다. 순수하고 싱싱한 그들은 하나님의 말씀을 흡수하며 열광합니다. 바로 그 때입니다. 나의 심장이 다시 뛰는 것을 경험합니다. 그들에게 나는 '고맙다, 네가 있어줘서 고맙다'고 소리칩니다. 와락 껴안아 줍니다. 그런 아이들이, 청년들이 살아있다는 것이 얼마나 다행입니까? 아직도 그 꿈을 잃지 않고 살아간다는 것이 얼마나 다행입니까?

교사의 기도

세상에 대한 하나님의 구원계획은
아기로 오신 예수셨습니다.
애굽의 종살이를 하며 부르짖는 이스라엘에게
하나님 계획은 모세의 출생이었습니다.

주님,
오늘 우리가 가르치고 있는 아이들이
바로 하나님의 계획임을 인정합니다.

주님,
이 아이들을 통하여 이루려 하시는
하나님의 구원계획을 신뢰합니다.

끝까지 우리에게 주신 아이들을
잘 가르칠 수 있도록 도와주옵소서.
이 아이들의 심장에 그리스도의 마음이
심겨지도록 가르치게 도와주옵소서.

주님, 소망합니다.
우리가 가르친 아이들이
하나님의 마음을 깨달아
세상을 구원하는 이들이 되도록 하옵소서.

예수님의 이름으로 기도드립니다. 아멘.

* 교사의 다짐
어떤 다짐을 하게 되었는지 적어 보십시오.